U0925322

作文六要

王鼎钧

商務印書館
创于1897 The Commercial Press

图书在版编目(CIP)数据

作文六要/(美)王鼎钧著.—北京:商务印书馆,2021(2022.3 重印)

ISBN 978-7-100-20306-7

Ⅰ.①作… Ⅱ.①王… Ⅲ.①汉语—写作 Ⅳ.①H15

中国版本图书馆 CIP 数据核字(2021)第 173748 号

作文六要
王鼎钧 著

商 务 印 书 馆 出 版
(北京王府井大街 36 号 邮政编码 100710)
商 务 印 书 馆 发 行
北京艺辉伊航图文有限公司印刷
ISBN 978-7-100-20306-7

2021 年 10 月第 1 版　　开本 787×1092 1/32
2022 年 3 月北京第 5 次印刷　　印张 8½
定价:38.00 元

序

我当初开始写作的时候，到处寻求写作的方法。那时候，文坛前辈开讲，谈流派，谈思想，不谈方法，都说写作是“莫之为而为，莫之至而至”，没有方法。同辈文友把自己知道的方法当作秘诀，依照江湖守则，“能帮十吊钱，不把手艺传”。书店里买不到《小说作法》《散文作法》一类的书，文艺界也没有写作研讨会、写作训练班一类的活动。

但我坚信写作有方法，希望先进为后学整理方法、传授方法。我立下心愿，如果我有一天找到了方法，一定公之于世，大家分享。

这本小书就是这样产生的。赵友培教授把写作的过程规划出六个步骤：观察、想象、体验、选择、组合、表现。六门课程，一条大路，正是我寻寻觅觅最大的收获。这六门课程，我称之为“六要”，犹如画家的“六法”，佛家的“六度”。以后这样那样的文学思潮汹涌而过，学习写作的人仍然要以这“六要”为基本功夫。我把我的领会、我的实践都写下来了，如我初愿。

经过一番沧桑，我和这本书久已失联。今蒙台北文史哲出版社社长彭正雄先生慨诺，台北文讯杂志社社长封德屏女士玉成，得以收回版权。故物重逢，悲喜交集。这些年我总有一点进步，于是温故知新，后来居上，用心整补润色，增加了后来实践力行的心得，不但篇幅扩充，层次也步步上升。它浴火重生以后，蒙商务印书馆允予出版，并有了一个崭新的书名：《作文六要》。这本书曾经帮助了跟我同时代的许多人，而今而后，我衷心希望《作文六要》对年轻朋友们能有更大的帮助。

王鼎钧敬志

目录

小引

文章是『自己的』好

黄老师是中等学校里的一位语文教师，我们先由他说起……

黄老师坐在教员休息室里，仔细读一封信。一个毕业离校的学生写信来向他问好，附带报告了一些在社会上服务的情形。那封信很平常，黄老师为什么看了一遍再看一遍呢？

原来这封信使黄老师产生了下面的感想：这封信写得很好，流畅，自然，内容充实，有些句子显出很有才情。写信的人，当她在学校里作文的时候，向来没有这么好的成绩，毕业以后三个月，水准竟忽然提高了许多，什么缘故？

难道三年的学校教育，抵不上社会三个月的影响力？

不是的，这里面另有道理。

上课铃响了，这一堂课是作文。黄老师往教室走去，他要把刚刚想到的道理说给学生听。

文章是自己的好

他在黑板上写下七个大字。

“老师，这是题目吗？”同学们发问。

“不是的，这是一句习语，我要把这句习语从另一个角度介绍给你们。请你们回答我的问题：这句话是什么意思？”

“这是说自己的文章不一定好。”

“对！自己的文章不一定好。既然不一定好，为什么要说‘文章是自己的好’？”

“这是说反话。”

“对！这是故意从反面说，是讽刺的一种方法。大家看，我要给这句话加上一个引号。”黄老师把“自己的”三个字用引号引起来，变成：

文章是“自己的”好

有了这个引号，读法就不同了，“自己的”三个字要加重声音。讲法也不同了，这个引号表示旧习语里面注进了新的意思，变成正面的了。文章是写“自己的”思想、“自己的”感情，不是写别人的。写文章是写“自己的”真心话、老实话，不是写人家的话，不是抄书本上的话。——黄老师这样说。

文章是作者“自己的”东西，它由作者的内心发出来。它是你喉管上的一根鱼刺，不吐出来非常难过。文章的材料不在这里，不在那里，在我们自己的血肉里，在我们自己的心灵里。它曾经使我们觉得夜太长、床板太硬，使我们觉得菜太淡、胃口太小，使我们觉得月色太凄凉、花的香味太讨厌。这种材料，每个人都有自己的一份！——黄老师继续说，全场静静地听着。

停顿了一下，他问：“有问题吗？”

下面鸦雀无声。

“我来举一个例子。人人都要穿衣服，是不是？”

“是！”夹杂着笑声。

“你们是中学生。中学生的衣服，什么地方与别人不同？”

“我们要穿制服！”

“对！中学生要穿制服。所有的中学生都穿制服。本校的制服跟别校的有什么不同？”

“我们要绣本校的校名、学号！”

“对！你们的制服上有本校的特殊记号。本校有一千多学生，人人胸前要绣校名、学号。你们这一班跟别的班有没有分别？”

“有分别。”

“分别在哪里？”

“我们是高中部，绣蓝字。”

“初中部呢？”

“绣红字！”

“好！我们要把范围一步步缩小，找出属于你们‘自己的’文章材料来。我听说，你们的学号集体送给缝纫班去车绣？”

“是。”

“有没有人自己绣？”

“我是自己绣的。”黄小玲举起她的手，招得大家回头看她。

“你为什么自己绣？”

“我在学刺绣。”

“你绣得好吗？”

“刚刚学，绣不好。”

“有没有刺破手指头？”

“有的。”

“流血？”

“是的。”

“制服染脏了怎么办？”

“绣好了再洗干净。”

好！——黄老师叫小玲坐下。——范围一步步缩小的结果，黄小玲找到了她自己的材料。人人穿制服，人人绣学号，写起文章来，要写你自己的制服、自己的学号，也就是写自己的生活，使它成为你自己的文章。如果拿“绣学号”做题目，黄小玲能写出很好的文章来。一个少女，为了练习做针线，不怕麻烦，自己绣学号。她的手指还不甚熟练，一不小心，针尖扎进肉里。痛吗？十指连心，当然会痛。停止吗？不，再接再厉。手指被刺破的地方，冒出血珠来，白上衣染了一个个红点子。那斑斑点点，是她奋斗学习的记号，是成功之前难以避免的牺牲。写这样的文章，不会皱着眉心吃苦，不必看天花板，不必翻《作文描写辞典》，写出来自然就好。

你们也许要问——黄老师继续说——我们的学号是集体送到专绣学号的地方包做的，我们根本没有学刺绣，根本没有为学号流过血，有什么可写呢？不错，黄小玲有的材料，你们没有，这是黄小玲文章的可贵处，但是，不要忘了，你们有的，黄小玲也没有。你们有什么材料？各人往自己的生活里去发掘吧！

说到这里，黄老师望着后排的一个女孩问道："费玲，你到过包绣学号的地方吗？"

"到过。"费玲站起来。

"你看见包绣学号的是一个什么样的人？"

"是一个老太太。"

"她的腰有些弯？"

"是。"

"她做事要戴老花眼镜？"

"是。"

"你佩服她还是同情她？"

"又佩服又同情。"

"好了，坐下！你有了你自己的文章。"

黄老师在讲台上踱了几步，然后抬起头来。

“傅家芝！”

另一个女孩站起来。

“你到包绣学号的地方去过吗？”

“没有。”

“那么，关于这个题目，你写什么？”

“我……不知道。”

“你的学号是几号？”

“〇〇一三。”

“〇〇一三，也就是十三号。你可听说十三是个不吉利的数字？你有没有这种洋迷信？你丢了月票，是不是埋怨过你的学号？你买奖券挑号码的时候，会不会也希望能把学号换一下？好了，这就是你的文章。”

沉默。照往例，黄老师在等待学生提出问题。几个对作文有兴趣而又爱用心思的学生纷纷把问题提出来，黄老师也立刻做了答复。

“我们自己的私事，为什么要写出来给人家看呢？”

这个问题问得很好。不如意事常八九，可与人言无二三。一个人的心事，只能对父母说，对姊妹说，对知友说。有时候，甚至只能对流水说，对燕子说。不过，说也奇怪，对至亲好友不能说的事，到了会写文章的人手里，可以对素不相识的广大读者去说。不能明说的事，他会暗说；不能直说的事，他会曲说。文字可以张成帐幔，把作者遮掩在背后。有了这种可能，世界上才有人从事文学创作。

“把自己的事情写出来，不是很难为情吗？”

黄老师觉得，这个问题是学习的一阵迷雾，必须穿越。他得多花一点时间。

他说，几乎所有的作家，最初的动机，无非要诉说自己的心事，引用古人的话：“诗言志。”文学创作是语言的艺术，要把自己的事情说得让别人受感动、得启示，引用西方一位批评家的话：“给人知识，给人娱乐，给人教训。”即使是别人认为“难为情”的事情，你也可以说得精彩动人、寓意深远，得到声望和尊重。不如意事常八九？那就用写作来补偿。

文学作品不一定只写自己，也可以写别人，《水浒传》就是写别人，《三国演义》写古人，《西游记》写神怪。引用一位前辈作家的说法，他写的是人生和自然——可以写自己，写别人，还可以写天地山川、草木虫鱼。不过，开始写作的时候总是写自己，以后再扩大。

写作的人先有生活后有文章，作文跟做人有关系。下笔的时候想一想这件事我能不能做，做事的时候想一想这件事我能不能写。我们“做值得写的事，写值得做的事”。

“小说、戏剧里的事，难道都是真的？”

当然不。然而，它和我们刚才所讲的道理并不冲突。小说和戏剧，是用特殊的方法写成的。这个方法是：把你的感情放在别人的故事里，你觉得悲伤，创造一个悲伤的故事；你觉得可笑，创造一个令人发笑的故事。故事可以是假的，可是你的感情至诚无伪。因此，有下面一句名言：“小说，除了人名、地名以外，都是真的。”

解答了这些问题以后，黄老师在黑板上写下今天作文的题目：

我

他说：“打开作文簿，先写下一个‘我’字，然后再想想你有什么可写的，想到了，就写上去。”

创作活动之一

观察

解说：多看一眼，细看一眼

从生活经验中搜集写作的材料，第一个功夫是观察。黄老师要讲观察的重要。

上课铃响过，黄老师在讲台上出现，手里拿着一张纸。

“老师，要考试吗？”学生以为纸上写的是题目，不免有些紧张。

“这是一次不计分的考试，我们做一个小小的测验。你们每个人都预备一张白纸写答案。”

当同学们预备纸笔的时候，黄老师在黑板上写下了他的测验题：

（一）麻雀走路步步○。

（二）老人○白，少女○红。

（三）火车进站冒○烟，出站以后冒○烟。

（四）车掌小姐的制服：○衣○裙○皮带。

（五）从二楼教室到一楼礼堂，要经过○○级楼梯。

题目很简单，交卷却不容易，黄老师一再催促，才把答案收齐。他用极快的速度看了一下卷子，然后制止嗡嗡的讨论声，说道：

“我们来看看谁答对了。麻雀走路步步○？很多人空着没有填。答对了的人也不少：步步跳。麻雀不会走，只会跳，好像身上装了弹簧。有人不填‘跳’字，填‘摇’字，‘步步摇’，也好！麻雀往前跳的时候，身体果然是左右摇摆的。有人不填‘跳’，不填‘摇’，填的是‘步步印’，‘印’字很新鲜！他大概是在下雨天看见的麻雀吧。麻雀由积水里面跳出来了，会在干地上留下一行潮湿的脚印。

“老人头白，少女脸红，就是所谓白发红颜。这一条都答对了。

“现在火车还烧煤，火车进站时和出站后分别冒出颜色不同的烟，你们没注意吧？这是交通当局的规定。火车快进站的时候，机车就要停止加煤，烟的颜色就会变白；出站了，加煤进去，白烟就变成恶浊的黑烟了。这样做，是为了使市内的空气清洁一些。

“你们天天坐公共汽车，没看见车掌小姐的衣服？那么放学回家时仔细看看。

“从二楼教室到一楼礼堂，你们走过多少次了，不知道楼梯有几级？有个大侦探叫福尔摩斯，都知道吧？他的办公室在楼上，他问他的助手楼梯有几级，他的助手不知道。福尔摩斯说，这叫观而不察。你也许会问：何必注意楼梯有几级？有什么意义？有时候它会有意义。南京有个中山陵，孙中山先生埋葬的地方，由平地上去，要爬很多级石阶。有一年，蒋夫人宋美龄登陵，黄仁霖陪着。黄是个大胖子，平时很少走路，跟在顶头上司后面亦步亦趋，加上天气很热，辛苦了他。各家报纸都报道了这个消息，说黄仁霖满身大汗，气喘吁吁。只有一家报纸多了一句话：中山陵由平地到陵上的石阶是392级。这就有意义了，那位记者并没有一级一级数过，中山陵有资料。那时报馆内部有个工作叫新闻比较，同一个消息比一比哪家写得最好。报道蒋夫人登陵，这家报纸得了第一。”

说到这里，黄老师想起来有一次看电影导演拍戏，就放下手中的大纲，临时插进来一段：“戏里面有个老人，拄着拐杖走路，扮演这个老人的演员还在中年。导演立刻说他的步子走错了：老人连拐杖一共三条腿，走路的时候怕重心不稳，一定两条腿着地，一条腿迈开，你现在走路两腿悬空，一腿落地，没有演好这个老人。你看，不但作文需要观察，演戏也需要观察，那个演员少下了一分功夫。”

学生觉得这次测验很好玩。

“做这一次测验并不是为了好玩，我是要告诉你们，你们平时没有好好地使用自己的眼睛，所以写不出文章来。”

话题落到一个美国人身上。美国有一个作家，名叫海伦·凯勒（Helen Keller），她一岁多的时候脑充血，从小又盲又聋，因为没有能力学习说话，所以她又是一个哑巴。这样的人没有办法像我们一样思考，因为思考需要语言。可是，经过一番特殊的教育，她能识字，接受了高等教育，能写很好的文章，她战胜了自己的命运。大家说她是一个伟人，一个能与拿破仑媲美的人。她有一篇文章，题目是“假如给我三天光明”。她一岁多以后就什么都看不见了，也不知道世界是什么样子，她用触觉认识一切。报上登过一张照片，她和艾森豪威尔见面，用手摸这位美国总统的脸。她也去“看”芭蕾舞，她欣赏的方法是借地板的震动感受音乐和舞步。她很希望能看一看这个世界，她只要三天的光明，三天以后，可以再回到那无穷的黑暗。她在这篇文章里提到我们的缺点：耳聪目明的人常常心不在焉。她说她问过许多男人：“你太太的眼珠是什么颜色？”男人的回答竟然是：“不知道，我没有留意。”有一次，她问一个刚刚从河边散步回来的人：“树叶是什么颜色了？”回答是：“啊，我没有看见。”她对此事表示非常可惜。

对于我们作文的人，这是一项很重要的劝告。作文要有材料，材料从哪里来？用什么方法弄到手？关乎这点，有几门功课要做，其中一项是“观察”。观察就是多看、细看。写作的人跟不写作的人不同的地方，是他对人对事总要多看一眼、细看一眼。

有一个诗人，到乡下去东看西看，竟被人家误会是小偷。有一个诗人，抱着冷眼旁观的态度找诗料，自己说自己是“上帝的间谍”。我们只知道“曲终人不见”；诗人却发现“江上数峰青”。本来是阴天，月光忽然洒了一地，我们想：晴了；诗人抬头看看，低头看看，发现“云破月来花弄影”。我们只知道那位太太年纪大了，发福了；小说家却知道她在头往前俯的时候，有两个下巴。我们只会说“生”是一种战斗，“死”是一种休息；小说家却看见，人在出生时是“握拳而来”，死亡后是“撒手而去”。我们常常看见山，如果画家不说，我们不知道山的“脸”上有许多“皱纹”，各种山有各种不同的“皱纹”；如果文学家不说，我们不知道上午的山不是中午的山，月光照射下的山不是浮云蔽日下的山（尽管是同一座山）。他们为什么知道那么多？因为他们会观察，肯观察。

黄老师滔滔不绝地说着，同学们听得很有兴趣。可是，黄老师不愿意用太长的时间独白，下面改了问答的方式：“费珍！你在空闲的时候，喜欢做什么？”

“喜欢听音乐。”

“古典音乐？”

“喜欢爵士。”

“常听音乐演奏？”

“是的。”

“你注意过那个吹小喇叭的吗？你是不是觉得，他常常过度使用他的肺？注意过那个鼓手吗？他总是比人家活泼。他为什么特别活泼？与他的工作方法有关系。提琴手的动作不能有那么多变化，他的乐器限制了他。你看见了没有？如果鼓手是里面最快乐的人，谁又是里面最忧郁的？是不是提琴手？”

费珍点点头。

“费珍，你学过小提琴吗？”

费珍说：“曾经想学过。”

“那么，你可曾想到，一位小姐歪着头拉提琴，姿态恐怕不雅观？”

黄老师把黄小玲喊起来：“你喜欢做什么？”

“喜欢看画。”

“公园里面常有小学生伏在地上写生，你看过他们的画吗？”

“看过。”

“观察到了一些什么？”

“没有。”

“下次多看一眼，看看他们独自作画的时候和友人来参观的时候态度、表情有什么不同。你站在旁边，由头顶上看他，他是不是很兴奋、很紧张？他更小心地画线条，还是拿起更鲜艳的颜料来大胆地涂？为什么有人因你参观而更加小心，有人因你参观而特别大胆？是不是因为他们性格不同？”

然后——

“家芝！”

“有。”

“你的邻居是个什么样的人？”

“是两夫妇，有五个孩子。”

“孩子们安静吗？”

“很吵闹。”

“他，你的邻人，在哪里做事？”

“教书。”

“在哪个学校？”

“盲哑学校。”

“盲哑学校！你觉得有意思吗？”

“什么？”

“想想看，他的家里声音太多，他的教室里声音又太少。”

同学们笑了。

“还有，你观察过他吗？”

“观察什么？”

“他和我有什么不同？也就是说，盲哑学校的教员和一般学校的教员有什么不同的地方？”

“不知道。”

“应该有不同的地方。我从前认识一个人，他是盲哑学校的教员。他跟我们说话的时候也不断地打手势，因为他总以为我们也聋。”

学生又笑出声来，因为这事很有趣，黄老师教人作文的方法又挺新鲜。

补充解说一：你有五种感官

人用五种感官接触环境、吸收讯息，眼耳鼻舌身，视觉听觉嗅觉味觉触觉，都可以归入观察一类。

外界的事物，触动了我们的感官，使我们产生了思想感情，我们用语言文字把它表现出来，与别人分享，用文言文的说法，这叫“感于物而动”。我们能够“感于物”的器官不只是眼睛，其中以视觉最为重要，做了代表。除了视觉以外，还有听觉、嗅觉、味觉、触觉，谈“观察”，应该把它们都包含在内。

先说听觉。我们接触外面的世界，听觉和视觉同样重要。写文章的人，不幸丧失味觉，丧失触觉，丧失嗅觉，仍然可以有成就，倘若视而不能见，听而不能闻，那就难了。美国作家海伦·凯勒从小盲聋，虽然在文学史上创造了奇迹，终究也只能写简单的散文小品。所以，你，我，一切写文章的人，都要好好保护眼睛、耳朵，好好使用视觉、听觉。

听觉能够接触到的世界广大而丰富。欧阳修说，秋天是可以听见的。不必惊讶，韩愈说，春夏秋冬都可以听见。广播节目制作人说，生老病死都可以听见，儒释道耶都可以听见。他们能听见的，你也应该能听见，即使过去听不见，经过学习，以后应该都能听见。休说不要紧，反正我可以看，那么何不未见之时先听听，或者听了以后再看看呢？

你也读古人的诗词吗？那是我们重要的营养。有些作品，从听觉的角度落笔，别有滋味。“闲花落地听无声”，难得他在这个时候记得听觉，经他郑重提起，好像落花无声是一件不寻常的事情，马上想起另外有些诗人轰轰烈烈咏叹落花，顿时觉得落花不是落花了。“海雨天风不忍听”，一个“听”字，可以想象两个人站在码头上，或者甲板上，或者沙滩上，或者山顶上，总之人很少，人的力量很小，自然的力量很大。“留得残荷听雨声”，你看，诗人在经营他的听觉呢，残枝败叶，成了垃圾，一个“听”字使它像个乐器，有了价值。留得梧桐也听雨声，留得芭蕉也听雨声，这个雨声和那个雨声有什么不同？你现在分不清楚，将来有一天可以分清楚，慢慢写啊，别心急。

除夕，大年夜，农历年最后一个晚上，你们还守岁吗？守岁，全家不睡觉，等新年降临。现在，电视机告诉你新年到了；从前没有电视，爆竹告诉你新年到了，那时候有人这么写：爆竹是时间的声音，新年前呼后拥而来。十岁的时候，他觉得那声音像戏水；二十岁的时候，那声音像山洪暴发；三十岁，那声音像篮球比赛；四十岁，那声音像急行军；五十岁，他说，那声音像杀人！他为什么这样说？你现在不懂，将来有一天会懂。

声音里面有些玩意儿是看不见的，只能听得出来，对写作的人来说，那一部分内容不能丢，丢了可惜！“夜半钟声到客船”，如果丢弃了钟声，就丢弃了整首诗。如果写诗的人对那钟声没有感觉，如果他写诗的时候忘了钟声，有人不客气地说，他这一辈子不必再写诗作文了！为什么这样说呢？你以后会懂，我们都在等你成长，等你懂。

再说味觉。别认定味觉只是帮我们选择食物而已，它也替诗人捕捉灵感。“客去茶甘留舌本”，客人来了，泡好茶招待，好茶的滋味，喝进嘴里有点涩、有点苦，喝下去以后是甜的，甜味留在喉咙和舌根，叫作“回甘”。别认为“甜”和“甘”只是白话和文言的分别，在中国，这是不同的滋味，或者是一种滋味的两个等级，甘比甜高一个档次。

如果味觉也能讲究档次，我们要推举汪曾祺先生出来示范。这位小说家、散文家，到了晚年，把那些从视觉、听觉得来的众生秘密全部封存。凡是他写的东西都可以吃；凡是吃的东西他都可以写，把寻常野菜、萝卜写成美食，也写成美文。味觉成就了他，他也成就了味觉。

《三国演义》记述，曹操行军，天热缺水，官兵口渴难忍。曹操举起马鞭向前一指，说前面有一片梅林，可以歇马。杨梅的滋味很酸，官兵一听梅林，口腔里分泌出很多吐沫，就把这一缺水的路程挺过来了。由此想到，周瑜有很深的音乐修养，常常听戏听歌，他通常不注意舞台上演唱的那些人，如果谁出了错，他才朝那个演奏的人看一眼，就有弹琴的女孩子为争取他这一眼，故意弹错一个音符。《三国演义》没有好好写听觉。曹操拉拢关羽，对他“小宴三日，大宴五日”，没有写味觉。吕布是英雄，貂蝉是美人，他俩冒险恋爱是小说家的大事，应该写出触觉、嗅觉。真希望有现代人把它润色一遍，把视觉、听觉、味觉补起来，将来这个补写的人也许就是你。

还有触觉。有人说，触觉是低级感官，不能入诗。可是“天寒翠袖薄，日暮倚修竹”怎么说？“天阶夜色凉如水”又怎么说？春天到了，一夜春雨，对门的山绿了，也膨胀了，早晨打开门，只觉得这门是青山推开的，“两山排闼送青来”。山有攻击性，花也有攻击性，天暖了，花香浓烈，可以“袭人”。枪炮岂不更有攻击性？你可曾正面看过枪口？真觉得那个黑洞不在体外，就在你的肌肉里。

《论语》记载孔门弟子言志，曾点说出一段小品，其中三件事：一件指听觉（唱歌），两件指触觉（游泳和迎风起舞）。触觉是我们生活的一部分，也是我们认知环境的一种能力，自然成了文学素材的一个来源。成语有“席不暇暖”“炙手可热”，还有“世态炎凉，人情冷暖”“寒夜饮冰水，点滴在心头”，格言有“不经一番寒彻骨，怎得梅花扑鼻香”。吃东西除了味觉，还有口感，老豆腐、嫩豆腐，还有结过冰的冻豆腐，都是豆腐，触觉不同。“冬日饮汤，夏日饮冰”，都是饮料，触觉也不同。世上多少事都用触觉承当！有个男孩，远远望见他喜欢的女生跟别的同学在一起，立刻觉得肚子上挨了一拳。

再看新文学，李金发说：“我以冒昧的指尖，感到你肌肤的暖气。”杨牧说：“在年轻的飞奔里，你是迎面而来的风。”屠格涅夫说：“晚霞早已消失，它的最后的余光在天边微微发白，但是在不久以前炙热的空气中，通过凉爽的夜气，还感觉到热烘烘的。”还有“用手拨开濡湿的树枝，夜里蕴蓄着的一股暖气立刻向你袭来”。夏天，海滩上，有人掘沙成坑，叫同伴把自己埋在里面，只露出头部，干什么？享受触觉。小说家笔下，那个看守仓库的人，脱光衣服，全身埋在米里，干什么？也是享受触觉。

最后，就是嗅觉了。“好竹连山觉笋香”，漫山竹林，应该是笋已成竹，新笋还没生出来，苏东坡是美食家，鼻子比一般人敏感，就用嗅觉来表现了。“踏花归来马蹄香”“卖花人去有余香”，有嗅觉自有文章。“酒未到，先成泪”，正常的情形是“酒入愁肠化作相思泪”，范仲淹凭嗅觉抢先一步，端起酒杯，闻到酒精的气味，酒还没喝，眼泪先掉下来。“归来笑拈梅花嗅，春在枝头已十分”，这么说，春天也是一种气味——姹紫嫣红，你看到春天；莺啼燕语，你听见春天；吹面不寒杨柳风，你触及春天；除此之外，你还有一个官能发现春天。

每个人都有他的气味，叫作“体臭”。你我都看见过，警犬嗅了一件衣服，能跟踪气味找到那个穿衣服的人。据说，洗衣服的时候，你穿的衣服、我穿的衣服都会把气味传出来，专家能够分辨，能够收集。每一种嗜好都会留下气味，例如抽烟和不抽烟、打球和不打球、养猫和不养猫。每种职业都有它的气味，例如卖鱼的和卖菜的、写毛笔字的和画油画的、理发店的和诊所的。每个家庭有每个家庭的气味，我们去拜访一个陌生人，没进门，先闻到他家垃圾桶的味道——气味就是资料，我们对这个家庭已有初步的认识。每个社区都有自己的气味，我在外面坐地铁，由南到北经过华人区、白人区、黑人区、南美洲移民区，每到一区换一批乘客，换一种气味。“凡走过的，必留下痕迹”，这痕迹是他的气味，你的文章。

我想起曾经过手的两次征文。一篇文章写作者几十年来读过的杂志，他还记得，当年新出的杂志到手，打开来看，先闻到一股油墨的香气。这一段文字为全篇生色，马上入选了。还有一次征文写母亲留下的旧物，有一篇文章说，多年前，母亲在世的时候，亲手用毛线给他织了一顶帽子。这个题材本来平淡无奇，可是这位作者说，现在他双手捧起帽子，掩住口鼻，深深地呼吸，可以闻到母亲的温馨，闻到母亲手指分泌出来的油脂，甚至闻到上面密密麻麻布满了母亲的指纹。有了这么一段，这篇文章名列前茅。

补充解说二：身历其境

周会上又轮到黄老师讲话了，他又说了一次观察的重要和方法。

人人都有时候写不出文章来。那种痛苦，需要有办法解除。有些学生的办法是看天花板，咬指甲，修铅笔；有些文豪的办法是嗅苹果，抽雪茄，拔头发，搔脚趾。我相信，假如可能，我们应该到那与文章有关系的地方去看看，这样，不但能写得出，而且能写得好。要写文章悼念一位朋友去世，最好在参加了他的葬礼之后；要写文章支持红十字会捐款，最好在到医院参观过之后；要写文章赞叹郑成功的功业，最好到赤崁楼流连徘徊一番，或者把当初游览赤崁楼时的感想重新唤回。赛珍珠在《北平的来信》中设想过一个场面：母亲干涉儿子的恋爱，逼得儿子出走。她到儿子所住的房间去祈祷。在那空房间里，她看见儿子留下的物品，闻到儿子留下的气味，祷告时特别恳切，好像已真正被老天听见了。这就是身历其境的妙处。

“身历其境”为什么能帮助文思？因为“文思”是我们心灵的活动，而心灵活动常常需要外界的事物来引起，来扩大。一注清泉，使人感到舒适清润；一片月色，使人感到朦胧忧戚；一只白兔，使人感到喜悦怜爱。见到了那个“物”，才产生了这个“情”。“人面不知何处去”的感伤，要到“去年今日此门中”才更强烈。“始知人老不如花”的警悟，要到看见“今年花似去年好”才会发生。

英国小说家毛姆，到了暮年，用了一个极好的办法来回顾他的一生：平生到过的地方，再去游览一次。这旅行令人心弦颤动，等于重新经验了童年、少年、青年和壮年。他在家里固然同样能回忆往事，可是我们能体会到二者在精神上的享受不同。“旧地重游”“刘郎再来”，简直能把当地的风云草木都惊动。一路行来，生命的口袋好像又装满了。他如果在这时写自传，材料一定特别丰富。

现在学生作文，是由老师在黑板上写下题目，全班学生坐在下面，两个小时以内写好交卷。学生看了题目，如果没有灵感，也没有机会去“身历其境”，激发文思。这是我们作文教学的弱点。当初制定这办法也有种种不得已。不限时交卷，作文簿永远收不齐；不随堂交卷，往往有人回家去抄些文章敷衍了事。有一位教师，吩咐学生写“我家的狗”，特别放宽时限，让大家回家去看了那狗再写。学生里面，有兄弟二人，同班读书，都得就这题目做文章。回到家里，做哥哥的依照老师的规定写成一篇作文；弟弟呢，就把哥哥的作文簿取来，照抄一遍。老师阅卷的时候发现了他们的重复。他当然明了学生的程度，能断定是谁做了“小偷”。上课时，他把弟弟喊到讲台前问：“为什么你写的这篇作文跟你哥哥写的那篇完全一样呢？”弟弟惊惶地答道：“老师，我们家里只有一只狗啊！”如果不设下种种限制，这一类弊端，谁也不能担保不发生。

我们有整千整万的中学生。他们的天资性格有各方面的倾向。只有一部分人对语文有兴趣，作文有才情，哥哥是个代表。另一部分人相反，弟弟是个代表。今天作文教学的困难，难在哥哥和弟弟同堂上课。教学时，对哥哥有时要“夺人所好”，对弟弟有时要“强人所难”。

教学法是为多数学生设定的，有一类人很容易满足那一套教学法的要求，可是，那一套程序标准对另一些人有时又是一种限制。如果他们要突破这限制，只有在课外自己发挥。如果他们肯，我可以有以下忠告：

平时，在生活中，如果看见什么、听见什么，心里觉得受到感动，应该在那感动了自己的物象前面停下来，仔细看，仔细想，一直到领略得透彻了，一直到印象深刻极了，再离开。

举例来说，他在戏院里看电影，面对银幕坐了两个钟头，在剧情的吸引下，觉得非常热闹、非常快乐、非常充实。散场了，观众纷纷离座，他随着人群经过银幕前面去找出口。人很拥挤，脚步很慢，他有工夫东张西望。蓦一回头，他看见那些空了的椅子。一排一排的椅背在灯光下发亮，就像无数令人恐怖的牙齿。所有的椅子都空了，就像被夺去婴儿的母亲，像被挖掉眼珠的眼睛，像被采去果实的枝杈，无限的空虚，令人难过。这就是所谓曲终人散的滋味。当这感觉袭来时，他最好最后一个离开剧场。他不妨停步，仔细尝尝那滋味。

再举一个例子，假定他上学放学，每天在某一个小站候车。站上的售票人，养了一只小狗。他平素很不喜欢狗，从没发现有一只狗可爱。车站上的小狗使他有不同的看法，那只狗引得他非常高兴。那么，他应该充分享受这高兴，去看那只狗，逗引它，耽误一班车也没有关系，下次再乘。他不妨用纸包一块骨头，固结他与它之间的友谊。

作文时，学生常碰见对自己不合适的题目。所谓不合适，是他对这个题目没有心得。比方说，题目是“萤火虫”，而他平时没怎么注意过这种小昆虫。作文要随堂做好，不能等观察了萤火虫之后再写。遇到这样的题目，只有发挥现有的能力交卷。他可以从这里面得到一次提醒，醒悟自己对萤火虫印象不深，把这当作自己的弱点。之后，如果他到乡间探望亲戚，晚间在外面乘凉，就可能看见黑暗中一片星星点点，上下浮沉——那一片草木，就是萤火虫的故乡。他若立即利用机会，弥补业已发现的缺欠，重新写一篇“萤火虫”，必定比作文簿上的那篇好。

这些意思，说得更简单些，可以缩成：

身历其境，心有所感；低回不去，灵感之源。

身历其境，忽有所悟；深思牢记，作文之路。

回应一：三只口琴

一个学生，费珍，立即照着黄老师的话去观察。

“去观察一件事情，把它写下来。”这是黄老师出的作文题目。

费珍带着题目回到家里，对母亲说：“妈，星期天上午，我也要陪小弟到广播电台去。”母亲正在给小弟烫制服，挥着汗珠说：“你不要去，我想留你看家。我要带小弟到电台去参加歌唱比赛，你爸爸又要去钓鱼。”

“音乐老师不是来带小弟吗？妈，你何必再去呢？”

“我得自己去一趟。你弟弟今年十岁，他第一次参加比赛，他的好胜心太强，失败了恐怕受不住。我希望他胜利，倘若他失败了，我要教他懂得失败的意义。所以，我非在场不可。”

“这次比赛既然这样重要，我当然应该去观察它，把它写下来。”费珍一面心里这样想，一面口中说：“爸爸不能下星期再去钓鱼吗？”

“你去跟爸爸说。”

不成问题，爸爸总是听女儿的话。

不久，小弟放学回家了，他兴奋得上气不接下气，向妈妈报告：“李老师说，电台上的口琴一定是我的。”

“好啦，洗洗手，吃饭吧。”

手还没有擦干，又跑来报告：“李老师说，今天晚上不要去练习了，要我早睡觉，保护嗓子。”

“好啦，吃饭吧。”

饭后，一阵口琴的声音由邻家传来，小弟立刻跑到院子里听。这阵口琴的奏声，是明天比赛的起源。邻家的阿毛弄到一只口琴，一有空，就踏着军乐队的步伐吹进行曲，有时候挺着胸膛“进行”到费家院子里来。小弟羡慕极了，屡次要求母亲给他买一只。如果母亲正在忙碌，照例简短地回答：不行！如果母亲不太忙，照例放下手里的工作，告诉小弟没有钱啦，你还小啦，吹口琴不卫生啦，种种理由。小弟只好翻着失望的眼睛，怏怏走开。每天，邻家的口琴像风箱似的，煽起小弟心中的欲望之火。他听见那声音，常常放下功课发呆。有一天，广播电台宣布举办歌唱比赛，优胜者的奖品是一只口琴。听到这个消息，小弟要求教音乐的李老师带他去报名。李老师平素非常喜欢小弟，不仅答应了，还天天在学校的风琴旁边等小弟去练歌。

比赛时间：明天早上九点。

这天早晨，费珍开始了她的观察工作。母亲起床比平时更早。小弟听见声音，也从床上跳下来。参加比赛的那种热情驱使着他，使他比昨晚更多言、好动。他高声说话，把父亲吵醒了。父亲问现在几点钟，他跑到床前去说：“六点半，爸爸六点半。”殷勤地一遍又一遍。他又非帮母亲调奶粉不可，弄得桌上地下都有乳白的水渍。他忽然跑到院子里去哼那首比赛要唱的歌曲，好像唯恐今天的声带不是昨天的声带。七点吃早点，他一直喋喋不休。吃完早点，七点半，他开始安定下来，由于疲劳，也许由于起伏不定的思潮，从高处沉入低谷。母亲把碗筷收拾好，看见小弟不那么浮躁了，就拉着他的手说：“小弟，听妈妈说，你去参加比赛，不要只想着胜利。这是一种竞赛，凡是竞赛，总会有人失败。你要做好准备，那个失败的人也许是你。”

小弟甩开母亲的手，大哭起来，眼睛里露出恐惧的光。随着哭声，李老师一步跨进来，连忙蹲下去把小弟围在臂弯里，替他擦眼泪。问明了哭的理由，李老师非常肯定地说：“小弟，口琴一定是你的，你一定会拿到口琴，一定的！”

八点了，给小弟换好制服，母亲、李老师、费珍跟小弟一同出门。到了电台，大家在发音室外面等着。发音室外面是一条走廊，墙壁漆成灰色，靠近墙边摆着的两排椅子也是灰色，光线暗淡，白天也开着日光灯。大家在椅子上坐下。椅子上已经坐了好几个“敌人”，五个、六个，不算多。又有“敌人”进来，七个、八个、九个……不少了。参加比赛的孩子都由家长带着，这些家长互相观察对方，有时自言自语，彼此却不交谈。小弟紧紧地拉着母亲的手指头，别的孩子好像也都很紧张。坐定了，大家都向发音室的门注目，那是荣誉的门，也是命运的门。那门目前还紧闭着，门上有三个大字红光闪闪："请肃静"。又有"敌人"陆陆续续来到。

九点，红灯熄灭，"命运的门"打开一条缝，一位播音小姐出来安排比赛。走廊里的选手们轮流到里面去唱歌，没有轮到的，纷纷拥到左侧的大玻璃窗前向里面窥探。李老师带着小弟到窗下去了，为的是让小弟熟悉比赛的环境；费珍也走过去了，为的是观察。隔着厚厚的双层玻璃，什么也听不见，只看见唱歌的人嘴唇乱动，只看见里面的人脸色发青，只看见发音室内半截白墙，只看见唱歌的人、持琴的人头顶上挂着个大铁球。快点吧，等对手唱歌，时间过得最没有趣味了。

十点快到了，那边播音小姐喊小弟的名字。小弟飞也似的跑过去，不久就看见他的头在发音室中央的大铁球下出现。播音小姐指导他该站在什么位置，然后做了个开始的手势。隔着玻璃窗，只见他嘴唇乱动，只见他脸色发青，只见发音室内灯光惨白。唱完了，播音小姐送他出来，只见他的额角有汗。李老师从里面跑出来，拉着小弟的双手说：“你唱得很好！分数很多！”原来刚才李老师到评委的房间里去过，他和他们都认识。小弟还是不放心，像受惊的公鸭一样睁着眼睛乱看，额角的汗并没有干。李老师说，等参加的人一一唱完，立时可以宣布结果。空气真是紧张。

不知道又过了多久，播音小姐走出来招手，把小弟、李老师、母亲都喊进去，费珍紧紧在后面跟着，以为出了什么毛病。在草坪一般软的地毯上，在秋天的月色一般的灯光里，在空中浮悬的大铁球下，播音小姐宣布小弟得了第一名。大家都太快乐了，快乐得发不出声音来。播音小姐拉着小弟问长问短，小弟的眼睛却一直离不开摆在桌上的一个小盒子，盒子外面还缚着红缎带。播音小姐终于提到那个盒子，她教小弟把它打开，里面赫然是银子一样亮的口琴。小弟把口琴拿出来，放到嘴边吹，妈妈制止他，播音小姐却说“没有关系”，教他再吹一次。于是他把口琴吹得很响，好像知道邻家的阿毛在听收音机似的。

坐公共汽车回家的时候，小弟在车上一直吹口琴。

回到家里，妈妈说：“把奖品拿给爸爸看。”小弟只让爸爸看了一秒钟，就立刻抢过来跑到院子里去吹。

李老师说：“我一直担心他得不到奖品，那对他真是很大的打击。我曾经想了一个办法安慰他。”李老师掏出一个红纸包来，长方形的。“倘若他失败了，我准备当场送给他这只口琴。我会告诉他，他唱得很好，应该得到我的奖品。”他把纸包放在桌上，“口琴仍然应该送给他，因为他唱得实在不错。”

妈妈很感动。

“李老师，你待小弟真像待自己的孩子那样好。你看，你想的和我想的完全一样。”妈妈也掏出一只口琴。

“我们常常忽略孩子的欲望。比赛前，我看出来小弟过分认真，很懊悔没有早给他买一只口琴。我买这只口琴，不是为了阻止他去参加竞赛。我对他的失败做好了准备，他失败的时候，我想告诉他：他和那个得奖的人唱得一样好，应该有人另外再加一份奖品。”

爸爸也感动了，他谢了李老师，又把小弟喊进屋子里。“这是老师给你的奖品，快谢谢老师！”小弟谢了老师。“这是妈妈给你的奖品，也要谢谢妈妈！”小弟谢了妈妈。

忽然有了三只口琴，似乎是太多了，小弟有些迷惘。其实不多，一只代表荣誉，两只代表爱。

回应二：杜鹃花

通过观察，懂得看花。

黄老师穿过公园，忽然听见背后有鸟雀般的声音喊：“黄老师！黄老师！”

原来是他的学生们。七八个女学生，挤在那个穹隆形的大花架底下，远远看去，真像是鸟笼里面一群黑白相间的小雀儿。

黄老师走过去，加入她们的行列，问：“在这里做什么？”

“我们在观察。”这是一句俏皮话，所以有几个学生忍不住笑出声来。黄老师刚刚在作文课上讲过观察的方法。事实上，这几个学生代表全校学生去开会，散会了，她们躲在公园里偷闲。

“好呀，你们观察到些什么？”黄老师故意信以为真。

“我们看到杜鹃花开了。”一个学生说。

“你看到杜鹃花落了吗？”

“看见的，地上有很多花瓣。”

“地上有很多花瓣？我们大家一齐来看。”

她们跟黄老师走到“鸟笼”外面，围在一簇杜鹃花旁边。花的颜色鲜红，正在盛期，根部四周一片绿色的草坪，把花衬托得分外艳丽。在株干之上抢先开放的几朵花已经落了，不过不是一瓣一瓣谢落的，而是由花蒂连枝的地方断掉，整朵躺在草上。黄老师拾起一朵落花，对她们说：“看到了吗？”

“你们都很爱花，”黄老师继续说，“想想看，你们对花了解了多少？花像人一样有个性。它们谢落的方式并不相同。有些花，一瓣一瓣地往下落，早饭前落一瓣，早饭后再落一瓣，一阵风吹过，又落一两瓣，最后还有一瓣附在残萼旁边，依依不舍。这种花在谢落的时候让人觉得它不甘心，觉得它在尽可能挣扎。这是什么花？”

“牡丹花！”

“对了，牡丹就是如此。有的花不像牡丹，它到生命的光辉该收敛的时候，慢慢地在枝头萎缩，到死不离开它生长的地方。这种花好像有高傲倔强的脾气。这是什么花？”

“扶桑花！”

“对，扶桑花是这样，菊花也是这样。中国诗人说菊花抱香而死，就是指这种情形。现在，说到花谢的第三种方式，这种方式是整朵离开母枝，坠到地上以后，颜色还是鲜艳的。它的谢落，好像是一场壮烈的行动。这是什么花？”

“杜鹃！”

“对了，我们正在观察它。中国诗人早已看到这种情景，他们中间有人在咏叹落花的时候说：‘明妃曲唱离乡日，金谷魂销坠地时。’这两句诗有两个典故：前一句指王昭君，后一句指绿珠。有些落花像王昭君，无可奈何地离开母体，一步一回头地离开繁华；有些落花像绿珠，斩断了留恋，充满了决心，很快地结束了自己。”

话题由落在地上的花朵，转到开在枝头的花朵。

“你们说，这棵杜鹃花是什么颜色？”

“红色！”

“哪一种红？”

“血红！”

有一个女孩独持异议：“我看这不像血红。如果这是血红，红细胞的数目一定不够。”

“这句话说得很漂亮！应该得双圈！”黄老师喝彩，“她的意思是说，这花的颜色比血的颜色要淡。这也难怪，你们可听过那个故事，说这花的颜色是眼睛里哭出来的血染成的？难怪红细胞的数目不够，这血里掺了眼泪，是掺了水的呀！”

黄老师教一个学生仔细看杜鹃花的颜色，那一团黑发俯下去，凑近了红花绿叶。

“把你所看到的，告诉我们。”

“花是红的，可是，红得不均匀。”

“怎么叫不均匀？”

“同一花瓣上，有的地方颜色重，有的地方颜色轻。”

“你怎样形容那比较浓的颜色？”

“好像一滴一滴的红墨水，滴在通草纸上。”

黄老师点头称是：“一滴一滴，很对。正因为有这种‘滴上去’的红色，有人才想出泪血染成的故事来。”

说到这里，黄老师提出另外一个问题来：“你们常常把花插在瓶子里吗？”

回答是肯定的。

“也常常插杜鹃花吗？”

回答是否定的。

“为什么不插它？”

一个学生说，她的妈妈曾经表示，杜鹃花越多越好看，折下一枝来没有意思。

黄老师非常赞成这种说法。然而，“为什么成团成簇地种在花园里就好看呢？”这个问题，学生们都不能答复。

黄老师说：“我们刚才仔细观察了杜鹃花的花朵，但看的只是局部。观察不但要近看，也要远看。来，我们退后几步，看它的全景。”

站得远一点，杜鹃花的整个姿态就成了饱满的圆弧。很多枝干，由地面并列生长，像是和谐团结的家族。花朵呢，聚生在弧线的上面，形成一个个花球。既然是球体，那么从任何角度看去，都能看见它神采奕奕的正面。它们是以有组织的队形出现的，它们像团体操一般，以全体的美为美。

再看杜鹃花的叶子啊，它的形状是可人的瘦长。叶身平伸，叶面完全向阳，四叶一组，像个十字；几十个十字在弧线上铺开，就成了有生命的图案。那一团团花球，正放在图案之上，真成了锦上添花！花下面这一层一层绿锦，颜色又有深浅变化，上面一层呈嫩绿色，下面一层呈墨绿色，这是因为下面的叶子出生较早。

它生来是应该合群的，它是要集体表现大自然的绚烂繁华的。看花的人希望能有十亩良田，让它开成一片花海。它的花期很短，因此也更受注意。

观察了杜鹃花的全景，黄老师要她们为它选一个适当的背景。“我们要连它的背景一起观察。”他说。

“为什么要选背景呢？”学生问。

“假使有人给你照相，照片洗出来，头顶上有一根又细又长的电线杆，那不是很难看吗？如果你站在房屋前面照相，你的头恰好在窗子当中，窗框把头夹住了，不是也很难看吗？所以，背景很重要。”

那些女孩子围着杜鹃花团团转了一阵子。

在公园里盘桓够了，大家搭车返校。在车站候车的时候，黄老师问：“谁能说出杜鹃花的气味？”

在观察的当时，这个重要的项目被忽略了。

“杜鹃花根本没有香味。”

“不，杜鹃花有一种常人难以领悟的香味。”

“不，红色的杜鹃花有香味，别的颜色的杜鹃花没有香味。”

“……”

黄老师说：“这个问题，现在不能有结论。下次碰见杜鹃花，再观察一番吧。”

作品示例：白米粽子

中国菜讲究色香味，做的人视觉嗅觉味觉都要设计，吃的人视觉嗅觉味觉都要满足，写的人视觉嗅觉味觉也都不要遗漏。

不必等到端午，我也会想起包粽子。

当然是童年的事，可以说是社会纯朴吧，那时包粽子年年都是白米红枣。后来粽子商业化了，商人制造繁华，粽子就品类众多了，豆沙、绿豆、红豆、眉豆、黄豆，腊肠、咸鸭蛋、花生、栗子、冬菇、虾米、猪肉，陆续出现。不过，回忆起来，还是当年那种一清二白的粽子、简单明了的粽子令人回味无穷。白米是凝固的淀粉，红枣是脱水的干果，都要放在一个大水盆里整夜浸泡。围着水盆包白米粽子是冷清寂寞的工作，只因有个母亲便不同。

家家都有的情景：母亲带着孩子们，围着一大盆清水。米是白的，枣是红的，红白相映，孩子的手也白里泛红。包粽子用的竹叶也要经过浸泡才不会裂开，水中又有了碧绿，那一片一片憔悴的竹叶好像恢复了青春。水盆里一幅画，一家大小合作画一幅水彩。

通常，厨房是家中最安静的地方。洗米的时候，听得见米粒互相摩擦。包粽子的时候，要用手把米从水里捞起来，听得见水珠从指缝间漏下来滴到盆里，也听得见米从掌心落进竹叶里。洗米，晶莹剔透，有愉快的触觉。洗米水，没人相信是脏水，它像琼浆玉液。粽子就这样一个一个包成了，那些细碎不断的声音里有你的成就感，非常动听。

然后，煮粽子，要煮一段很长的时间，嗅觉来陪伴这些嘴馋的孩子。米的浓香、枣的甜香、竹叶的清香、水蒸气的无可名状之香，这时候，哪里还需要肉的腻香、虾的腥香，冥冥中大自然调和鼎鼐，俨然盛宴。这段时间，孩子们去做功课，或者去做游戏，都不能专心，想的只是吃，不断看厨房。一定吃得到，而且很丰富，心里很平静，所以童年很快乐。

吃粽子了！剥开竹叶，白嫩滋润，黏糯软颤，这哪里是粽子？这是人参果！吃，满口清香甘甜，通过咽喉食道，母乳一样舒服。作料配件都多余，靠粽子帮助，这番经验后来帮助我读通了那句诗：却嫌脂粉污颜色。母亲在旁边叮嘱：慢慢吃，慢慢吃。怎么能慢得下来？母亲在旁边叮嘱：别烫着，别烫着。孩子不记事，如果不烫，哪能至今魂牵梦绕？

医生说，中国人得食道癌的比例偏高，因为中国人爱吃温度高的食物。是这样吗？如果真的是这样，那也认命了！

家家一样，粽子上了桌，母亲最后吃，甚至不吃。厨房里的香气把她熏饱了，做母亲的从来不是靠淀粉、蛋白质活着。厨房是个辛苦的工厂。一个外国人说，中国人做菜、做饭的过程是一种折磨，看电视学做菜就知道。我来换个说法，中国人做菜、做饭是一种修行，看母亲就知道。她看孩子吃，看得津津有味，目光那样温柔。那就是她的快乐，她的成就。

请恕直言，人在吃东西的时候最难看。扩而大之，动物在吃东西的时候都难看。狗啃骨头，贪嗔都有，目露凶光，一面吃一面准备战斗，别的狗看了想抢。中国京戏没有饮食的动作，喝酒的时候，举起袖子挡住脸。早期话剧的舞台上也没有吃喝的画面，因为其中没有美感。那个叫“文化”的东西来了，特别倡导餐桌礼仪，希望吃相好看一些。

只有自己爱的那个人吃东西，你才爱看。请女朋友吃饭，她吃得挑剔，楚楚动人。同生死共患难的哥儿们，大碗喝酒大块吃肉，你高兴，抢着付钱。家家一样，母亲爱看孩子吃粽子，孩子不懂事只是吃，旁若无人。如此这般，他接受了母亲的爱，母亲快乐，就是报答了母亲。

诗人孟郊提出来的那个不朽的问题有了答案：寸草好好地生长，就是报答了春晖。万物欣欣向荣，就是报答了上天。

我的实践：不一样的雨声

从听觉的角度写成的文章。

读《京都听雨》，触发灵感。我也曾山中听雨。“山是脱离社会最大的一堆土。”（许达然语）这堆土确实太大了，如果换成平面，就给地球增加了很多面积。山高，雨声也嘈杂喧嚣，千军万马，怀疑小小山村浮了起来。流到江里河里，千里万里，雨声变奏为波声，一条一条小河汇成大河，河流纵横交错，滋润大地。最后入海，千年万年，雨声合奏为涛声。小小雨点，大大神通。

也曾湖心听雨。湖是流水的中继站，大海的派出地，雨直接落进去，走捷径。江中行船遇雨，不如湖中游船遇雨，更不如趁着天下雨，租一只小船进去，仿佛约会了雨。每一颗水珠都是一个小精灵，很想与它对话，问它从哪里来。可能我在山中听过你，在江中遇过你，在湖中约了你。下吧，尽管任性吧，湖面完全敞开欢迎你，到了湖也算是到了家。

雨点沉默，专心在空中舞动，在水面跳跃。这才想起它们是音符，音乐是不说话的。它们在小船的顶篷敲鼓，在甲板上拍板，在湖水中拨弦。只要它们脚尖一点，随处都是乐器。音乐不过是声音的长短轻重高低快慢，留得残荷听雨声，留得梧桐听雨声，留得孤篷听雨声，留得西湖听雨声。最后的呼吁，你只有一个地球，留得地球听雨声。

也曾在干旱的土地上听雨。历史上有三年不下雨的旱灾，有五年不下雨的旱灾，河干涸了，山崩坍了，人怎么活！我很幸运，没见过。我见过由春天到夏天都不下雨，庄稼死了，地面出现裂纹，叫"龟裂"。"龟"是个多音字，跟那个缩在甲壳里的动物有分别。可是我看到一种解释，说龟裂就是裂纹像乌龟的背壳，我喜欢这个解释。天气太热，龟裂的地面温度很高，脚底板踩上去咬牙切齿。那里寸草不生，连个蚂蚁也看不见。我有这个经验，你没有，这是你的幸运。

如今老天爷忽然下雨了，而且是倾盆大雨，冷冷的雨点落在滚烫的土地上噼啪响。水蒸气往上冒，好像爆炸生烟，加上一声雷，也不知这是谁跟谁的战争。裂纹立刻把雨水喝干，面不改色。我听过那样的雨声，那是救命的声音，也是要命的声音。那是我愿意记住的声音，也是我愿意忘记的声音。平时那些求雨的人一起跑出来对天跪拜，人人嘴唇干裂，两眼红肿，接受雨水治疗。没人怕雷，雷声亲切，人人都想拥抱那雷，不相信那是上天震怒。天老爷没有理由震怒，如果震怒，也是鞭打那没有早点治水行雨的龙。

听雨，想象各种没听过的雨声。沙漠的雨声，书本上说沙漠偶尔也下大雨，沙粒会有回声吗？黄冈竹楼的雨声，整座小楼好像一架管风琴，太吵了吧？夜半雨声到客船，那又是怎样的一首诗？听说雨声催眠，有人写了雨声安眠曲，我听雨，睡不着。

创作活动之二

想象

解说：大变活人

从生活提炼文章材料，观察之外，还要想象。想象又是什么呢？

这天，黄老师上课时，发给每人一份油印的讲义。同学们接过来看，上面写着："十八世纪的时候，有一艘炮舰，在海上夜航。这一夜气候不好，风浪很大，船身颠簸得很厉害。那时候，战舰上的炮装在舱里，用铁链子锁住。炮下面有两个轮子，有一尊炮的链子突然断了，在船舱里面滚动起来。船身往左边歪的时候，它往左边冲；船身往右边歪的时候，它往右边冲。它从船的这一端滚到那一端，碰着船身，再滚回来。它也会停下来，休息一会儿，又会跳起来，再落下去。风浪愈大，它冲得愈凶，情势也愈危险，因为船壳已经被撞裂，海水已经流进来了。”

黄老师教大家用三分钟时间阅读这一段文字。然后，他说：“你们都已经看见了，这是一段记事文。它的作者，对这件事知道得很详细，记叙得也很明白。原因，结果，每一个小节，这里面都有。它的每一个字都对，每一句话都通。可是，我们读完了，觉得它并不好。它究竟有什么缺点？”

黄老师注视全场，自己回答：

“这一段文字，让人觉得平淡枯燥，读起来一点意思也没有。它不美，不生动，不吸引人。它是死的，不是活的。

“它为什么死气沉沉呢？这是我们要研究的问题，也是我发这份讲义的用意。我要告诉你们一件很重要的事：文章要写得好，有一个不可缺少的部分，就是想象。想象力是思想的翅膀，你们必须使它羽毛丰满。

“我们来试试看。我们来使死的文字变活。”

黄老师捧起讲义来：“黎琪，你的想象力很丰富，请你来做我的助教。”

下面是他和黎琪同学的对话，全场凝神静听：“你见过十八世纪的战舰吗？”

“在电影上见过。”

“炮手怎样操纵他的炮？”

“炮的下面有轮子，可以往前推，也可以往后拉。”

“推，炮就往前；拉，炮就退后。从来不会有例外，是吗？”

“是的。”

“就像一个农夫，驾着他的牛耕田，那头牛完全听他指挥，是吗？”

“是的。”

“前天报上有一条消息说，一个农夫，赶着他的牛，在田里工作了一整天，到了太阳下山的时候，还不肯休息。那头牛太疲倦了，忽然发了脾气，也可以说是发了疯。它挣脱了绳索，乱跑乱撞，把自己的主人撞死了。一头牛忽然叛变，你说可怕不可怕？”

“很可怕。”

“炮在船舱里，一向是听话的，一向是照着炮手的指挥打敌人的，可是现在，它突然任性胡行，撞死了炮手，还要撞沉这条船。这比一头疯牛更可怕，是不是？”

“是的。”

“为什么比牛更可怕？”

“人可以把疯牛打死，可是人打不死那尊炮。”

“对啦。炮本来没有生命，可是，它现在又像有生命。它像是对人类叛变，它像是从事恶毒的报复。你说，是不是？”

“是。”

黄老师让她坐下，向全班说：“好啦，我们已经有了一项重要的收获。我们把那尊炮想象成邪恶的怪物、发疯的野兽。它是一个叛变的奴隶。这一层想象，是我们向泥人的鼻孔吹进去的一口气。有了这层想象，仍然是那尊炮，仍然是那么一件事，我们的感觉却不同了。我们描写它时要换一种口吻，要另找一些形容词。把想象加进去，那尊炮立即‘栩栩如生’。这样写成的东西，不只是一行一行的字，也是一幅一幅的画，更是一幕一幕的电影。”

说到这里，黄老师又拿出一沓讲义来，分发给全班同学，每人一张。讲义的内容是这样的：

“炮台中有一尊二十四磅炮，突然挣断了束缚。

“这也许是海上意外事变中最可怕的一种。对于在大海中顺风疾行的船，不会发生比这更可怕的事了。

“一尊挣断了锁链的巨炮，突然变成一只不可思议的猛兽。它本来是一架机器，却把自己变成一个怪物。它立在它的轮子上，像台球一般迅速滚动。铁身横冲直撞，偶尔停息片刻，像在沉思，然后又像箭一般从船的一端冲向另一端，兜着圈子，向旁边跳跃、闪避、杀人、歼灭。它像一只破城槌，任性地撞着城墙。这只槌是金属做的，而城墙是木头的。我们可以说，这永世的奴隶在为自己复仇，仿佛有一种邪恶的威力藏在里面，突然爆发出来。它那样子仿佛发了脾气。你可以使恶犬听话，你可以惊吓一头牛，迷醉一条蟒蛇，驯服一头狮子，可是对这样一个怪物，一尊脱了锁链的大炮，却没有办法。你不能杀它，因为它是死的，但同时它也是活的。船摇动着它，海摆动着船，风掀动着海。船、波浪和风，都协助着这个破坏者。船边上的破裂越来越多，水已经开始流进来。这尊放纵的巨炮，每一次跳动都可能毁灭这条船。再过几分钟，沉船是不可避免的了。”

黄老师教黎琪把这份讲义朗诵了一遍。

“你们自己比较一下吧，”他说，“这是一段描写，里面有丰富的想象。在这里，不是船的颠动震断了铁链，而是那尊炮自己挣断了束缚。它在船舱内滚来滚去，它的路有你意料不到的弯曲，这不是物理现象，而是那尊炮的有计划的行动。如果它停下来，那是它在沉思。这段描写，不说人对那尊炮偶然失去了控制，而说它做奴隶做厌了，要为自己复仇。不说风浪把它弄成了这个样子，而说风浪帮助它破坏行凶。这些说法，每一句都染上了想象的色彩。这些句子都带着主观的情感。你们自己比较一下吧。”

补充解说：以诗为师

谈到想象，诗人是我们的老师。“食指”这个笔名很奇怪，他的意思是不怕人指指点点。我的理解是，他能点化文青，找到想象。他说蜘蛛网“查封”了炉台，纪晓岚用信封装一点茶叶暗示查封，比他差多了。他说大海“托住”了太阳，即使我们没有登泰山看日出，也在电影里看过日出，真看见赫赫巨灵端起偌大的“洗澡盆”，让里面一个“婴儿”跳出来。教科书早已告诉我们，太阳的位置并没有移动，都是地球自转。日落是地球遮住太阳，日出是地球露出太阳。诗人说的不是事实，是想象，但是我们爱看。

舒婷送行，想象崖树替她挥手，星星替她目送。送行的手化为崖树，行人走了很远很远，回头还看得见；送行的眼睛化为星星，行人走了很远很远，送行的人还看得见。

她写的是离情别绪，读者要的也是离情别绪。她用想象表现，我们用想象感应。古人送别，要摆酒席，奏乐，要乐声结束了行人才动身。为了“不胜依依”，主人就教乐队反复演奏，阳关三叠，推迟分手的时间。“千万遍阳关，也则难留”，是李清照的想象。

再看北岛。当年一同满怀理想的朋友分散了，多年后又聚在一起，免不了风雨一杯酒。友情依然热烈，可是旧梦旧话再也无人提起。每天日落的时候，有多少雄心壮志随着沉没，地球上的茅屋里住着当初想到月球上去盖宫殿的人。北岛怎样表述？他说，杯子碰到一起，都是梦破碎的声音。你能接受他的想象吗？诗总会给你一些超前的东西，到那时候，也许你要靠文学写作来帮助消化人生经验，成为另一个北岛，或者舒婷。

看见诗，马上读一遍。如果觉得好，紧接着再读一遍。好诗一向与想象同行，一句之中，半句是我们见过的，半句是我们没想到的。谁没见过落叶，只有张错说：“叶子缓慢片片剥落，像凌迟。”凌迟！古代的酷刑，把犯人的肉一小片一小片削下来。凌迟！秋寒刺骨，教人汗毛竖起来。谁没见过落叶燃烧，只有洛夫说：“落叶在火中沉思。”可不是？落叶燃烧时并不变形，只是变色，神情庄严，仿佛从容就义，我们如读一页神话。

我曾经怀疑号兵过分使用他的肺，诗人更进一步，他说号兵吹出来的是血丝。我曾觉得唢呐的声音太急躁，不宜入乐，诗人更进一步，他说唢呐吹出来的是火焰。如此这般，箫吹出来的应该是怀乡病。楚汉相争，垓下之战，四面楚歌，张良吹箫伴奏，不用别的乐器。这里面有我下面要说的“选择”。

王建勋说：“走路要轻，地球会痛。”地球没有神经，你有，我有，想象中地球虽大，也是牵发动体。修一条铁路要开多少隧道，建一座大楼要挖多深的地下室，我们都住在地球的伤口里。黄梵更进一步，他说：“走路时，鞋子一直沙沙叫疼 / 我装作那是祝福……鞋子，是抱怨我的中年越来越重？/ 还是用沙沙声，替我为生活咳嗽？/ 我给鞋子的每克压力，也是给大地的一克苦难？”黄梵、王建勋，这两个人各有各的想象，也就各有各的触觉，各有各的地球。读诗，存在了亿万年之久的地球马上新鲜起来。

诗人造句，三句话不离想象。从当年分别到今天再见，十年了，他说“一分钟拥抱出来十年不能见面的距离”，好像拥抱造成离别，二者有因果关系。这就包含了十年中多少如果、多少假使，也就是多少思念、多少追悔。想想吧，这里面有多少散文。傅诗予说："又梦见爸爸，紧紧抱住他，像抱住一把流沙。"梦里的爸爸是抱不住的，他在你的怀抱中流失；就在你紧紧拥抱的时候，你醒来了。难得的是诗人想到流沙，流沙会在我们的指缝中溜走。我们用它比时间，诗人用它比梦中的爸爸。想想看，这又是多么好的散文。

回应一：穿旗袍

黎琪的想象力本来很丰富。那天下午，受了黄老师的影响，她就任凭自己"思想的翅膀"飞翔了。

放学回家的时候，黎琪想到旗袍。她现在是学生，穿黑裙子、白上衣。可是，一个女孩子，不管愿意不愿意，将来总要穿旗袍的。

而她，黎琪，很愿意将来穿旗袍。每天下午放学回家，她都要傍着一条小溪走几十米。溪岸一边是路，另一边密排着高大的青竹，映得溪水一片碧绿。她的形象，映在这张碧绿的底片上，十分清楚。这天，在溪旁回家的路上，有穿旗袍的女郎走在前面，惹得黎琪很羡慕。碎花旗袍映在水中，人影是立体的，好像溪水特别欢迎旗袍留下的影子，格外用工笔细心描画了。跨过一座小石桥，人影离开水面，变成地面上的一幅剪贴。溪水惋惜地泛起一阵涟漪。这条小溪如果再宽些、再深些，岸上的风景如果更美丽些，那人影也许会留在里面做仙女呢。

咳，（黎琪在等车的时候想）如果我也穿上旗袍，就可以少吃亏。那些嘴上有胡子的人，看见旗袍态度很和气，看见学生装呢，嗯儿呵地摆架子。就是跟你谈谈，也道貌岸然的。真奇怪，这些人，看见我们做学生的，以为自己是训育主任，却朝穿旗袍的鞠躬。有一次到商店里买东西，我先进店门，两个穿旗袍的来得晚，反而被店员先招待，拿这个那个给她们看，好久，才有人来问我："买什么？"眼睛却朝旗袍那边看。如果我穿了旗袍，也不会再受店员的冷落。有一次，我们几个人到亲戚家里玩，不知道有男客人先到，椅子少，人多，不够坐，穿旗袍的人都坐下扇扇子、吃瓜子，我和妹妹只好站着。"时间还早得很嘛，别忙，再坐一坐嘛！"穿旗袍的要走，男宾都这么说。我们呢，要走，也没人注意。假如我也穿旗袍……

车来了。车子轰隆轰隆进了城，上来很多穿旗袍的。

（黎琪在车上想）穿旗袍的人真多。单看衣服就知道，她们早已从学校毕了业。她们做学生的时候，一定也盼着有一天穿这样的衣服，所以后来，一穿就是一辈子。后面座上五十多岁的老太太也穿旗袍，自然是颜色朴素，尺码肥宽。她旁边站着的那个人，竟然穿大红的闪光的料子。年轻嘛，可是到底俗气。穿了新旗袍，上午九点钟别坐车，那时候车上有很多菜篮子，往身上滴油。

车子怎么在照相馆门口停下了？原来那边修马路，车站临时搬家。照相馆门外的玻璃窗里，陈列着一排漂亮的照片，个个都穿旗袍。将来穿上旗袍，第一件事就是拍一张照片，上面写着：第一次，穿旗袍。可不能让他们挂在门口，只能藏在家里，等要好的同学来看。那时候，她们来，大概也要穿着旗袍。真高兴，变成一群穿旗袍的人，一齐去看一场电影——下一站就是电影院。我们是穿旗袍来的，你们再不必用奇怪的眼光看我们了吧，再不必小声议论："女学生也来看这部片子！"

下了车，再等车，因为要换车。这里马路上来来往往的都是旗袍，款式都很新，欣赏她们的衣服，打发等车的时间。这回想起来了！到了可以穿旗袍的时候，绝不是仅仅加一件旗袍，相伴而来的，还有高跟鞋、卷发，臂弯里挽着手提包。这要花很多钱呢！毕业时，姨妈总要送礼物，送一双高跟鞋最好，不要钢笔，钢笔多了没有用。多高的跟？两寸的，太高了不好，摇摇摆摆站不稳。太尖了不好，夏天柏油路被太阳晒软了，鞋跟踏上去，一步一个洞。记得姨妈住二楼，楼板上有缝，鞋跟如果太尖，插进去拔不出来，闹笑话。高跟鞋最好走水泥路，咯咯响，真骄傲。旗袍呢，向妈妈要，妈妈不给找爸爸。妈妈也不能不给做旗袍，毕业以后不能再穿学生服，反正得做衣服。做矮领，腰身不能太紧。料子马马虎虎就行，等自己做事赚了钱再做好的。穿上高跟鞋、旗袍，在妈妈面前摇摆，问她好看不好看，妈妈会说："好看。"还是在妈妈面前走来走去，再问好看不好看，她会仔细端详一番，说："烫了头发才好看，快去烫头发。"于是拿出钱来。头发总得烫，不过用不着早提要求。毕业以后什么都改了，头发还能不改？前天同学们一起闲谈，就毕业考试的题目猜了半天。现在想想，"毕业离校以后，你第一件要做的事是什么？"倒是个好作文题。如果真的碰上这个题目，写一篇"穿旗袍"，不知道能得几分。

旗袍、高跟鞋都有了，又不好意思马上穿，最好能有个借口，有个改装的机会。比方说，去吃喜酒。大表哥不是要结婚吗？能不能在暑假举行婚礼？如果时间凑巧，毕业后，打扮得漂漂亮亮去赴宴，从此算是结束了学生阶段。到了礼堂，亲戚朋友会异口同声地说：“嘿，大姑娘，真漂亮！”不管他们真心假意，听的人都快乐。改装以后，不能没有手提包。让大表哥送我！现在手提包的式样真多，可不能要那种像一本精装原版书的，拿着那种手提包，多累啊。别的同学一定也买手提包，能拿她们的做参考吗？大表哥的婚礼，不会碰见她们的。最好有要好的同学，毕业以后就结婚的，她一发帖子，同学们都到了，都穿旗袍，都提着手提包，你看我，我看你，嘻嘻地笑。谁在写毕业后第一件事时会写结婚？看不出来。麦玲吗？不是。褚玉明吗？不是。不过也难说，猜人家的感情，比考前猜题还难。

回应二：一张钞票

一件与想象有密切关系的事：发展你的联想力。

冯先生昨天告诉黄老师：“我请你吃饭。”

星期天，黄老师就坐在冯家的客厅里。他们谈得很愉快。等到饭吃完了，主人才把请客的用意说出来，好像一篇文章到最后才提出结论。

“你看，小明已经读中学了，还不会作文。”冯先生指着他的孩子。这孩子听见爸爸的批评，非常不好意思。“他仍然不会作文。老师出了题目，他只能写上三行五行，不像文章，像答案。我今天请你来，想向你请教这个问题，他为什么写不出文章？”

黄老师说：“小明很聪明，将来一定能把作文写好。作文要有兴趣，要得法——从前的说法，叫作开窍。有人开窍比较早，有人开窍比较晚。”说到这里，黄老师摸着小明的头：“小明，把你的作文簿拿来，让我看看。”

冯先生也急忙说：“拿你的作文簿给黄伯伯看。”

小明把作文簿取来，送给爸爸，爸爸再交给黄伯伯。他看见黄伯伯把簿子打开，急忙掉头逃进卧室。

冯先生喝道：“不要跑！黄伯伯要给你上课。”

黄老师教冯先生先不要管，把作文簿打开慢慢地看下去。从这本作文簿里可以看出，小明的语文老师这学期已经出过三次作文题：第一次是“一只蝴蝶”，第二次是“我们的教室”，第三次是“手帕”。在每一个题目下面，小明都做了文章。可是，每一篇文章都很短，正像他爸爸说的，像答案。

《一只蝴蝶》，小明写的是，有一只蝴蝶飞到他家的院子里，迷了路，他想捉住它，没有办到。

《我们的教室》，小明说，这里摆着桌子，挂着黑板，坐了六十个学生，他们在这里上课、开会、写字，得到很多进步。

《手帕》呢，他说每人都有一块手帕，他记得，从他做小学生的时候起，每天早上妈妈照例都要问："带手帕了没有？"手帕带出去，往往忘记带回来，每年都有许多手帕丢掉，是一笔不小的损失。

黄老师看完小明的作文簿，抬起头来说："这孩子，字写得很干净，错别字也很少，是个好学生。我猜，他下笔作文的时候，常常觉得没有话可说，觉得没有什么可写，以致每篇文章只有三言两语。我们可以想办法，教他有话可说，有事可写。"

冯先生向黄老师拱拱手说："这就要麻烦您了。"

黄老师喊小明，冯先生帮着他喊，小明在卧室里藏不住身，羞怯地走了出来，拿一本书遮着脸。黄老师劝冯先生到卧室里休息，让他单独和小明讨论作文。

黄老师说："小明，你在看什么书？给我看看。"这样，撤除了小明蒙面的工具。黄老师翻开那本书，见是一本寓言故事集。在他翻开的地方，记述着一个女子，头上顶着一桶牛奶进城去卖，一路上打着如意算盘。她想，卖掉牛奶所得的钱，可以买一百只鸡蛋；鸡蛋会孵出小鸡，小鸡长大了，可以换一头猪；猪养大了，可以换一头母牛。想到这里，她非常得意，不禁跳起来，头顶上的牛奶桶掉到地上，跌碎了，满地都是牛奶。

他们从这个故事谈起。

这个故事是怎样写成的呢？最主要的是凭作者的联想力，由牛奶联想到鸡，由鸡联想到猪，由猪联想到牛。如果把联想的部分删掉，那就只有“女郎进城卖牛奶，牛奶桶在路上摔碎了”，那就不成为一篇文章了。

联想力是天生的，人人都有。看见水，想到鱼；看见邮局，想到信；看见“老”，想到胡子；看见新娘，想到新郎；“云想衣裳花想容”，“问君能有几多愁，恰似一江春水向东流”，都是联想。

从前，某一省的乡间，有一个卖豆腐的人。他不满意自己的职业，常常想改行。白天，他工作很忙，没有工夫思考；到了夜晚，他就对自己的前途重新做各式各样的设计。他也像那个卖牛奶的女子一样，运用起自己的联想能力。他想，把豆腐店卖掉，买一头驴子，去贩运食盐。运盐，利润很大，赚了钱，驴子可以加到两头，然后三头、四头。然后，组织运输队，自己做领队，那就神气了。有时候，他会换一个想法。他想把豆腐店改成酒店，他想研制一种极好的牛肉干做下酒的食品，全村的酒徒因为爱酒而爱上他的牛肉干，由于爱吃牛肉干而更爱酒。于是他的酒店生意兴隆，压倒一切……这个卖豆腐的人，尽管在夜里想得头头是道，可到了第二天早晨，还得照样卖他的豆腐，他的计划一时不能实行。因此，产生了一句俗语："夜晚千条路，天明卖豆腐。"卖豆腐的人有联想力，我们学写文章的人也有联想力。联想力使我们得到文章的材料。对我们而言，是"夜晚千条路，天明写文章"，每条路里都有一篇文章。

黄老师摸着小明的头顶说："小明，你也有联想的能力。你在作文的时候，要知道自己有这个能力，要能运用发挥你的这个能力。"

黄老师拿出一张钞票来，在小明的面前举着。

"这是什么？"做老师的人常常会明知故问。

"钱。"没有一点疑问。

"看见钱，你想起什么？"

"想起学费。"

“不错，每年你至少有两次从爸爸手里拿过一包钱来，送到学校去。为什么要交学费呢？”

“因为要读书。”

“为什么要读书？”

“不读书，没有知识。”

“对，这证明你由学费可以联想到读书，由读书可以联想到知识，再由知识联想到什么？”

“有了知识，长大了去做事，赚钱。”

“你由知识联想到职业，由职业又联想到钱。你的思想兜了一个圈子，又回到原来的地方。这样，你已经得到了一篇文章的材料。文章多半是这样组成的：由一件事物，联想到很多事物。这是思想的散步。散步，最好在你住宅附近的草地上，不要离家太远。思想的散步，也该围绕着主题，或在稍稍离开以后又立时回到主题。”

说到这里，黄老师又打开小明的作文簿。

“我看了你的作文。你的缺点，是不知道运用联想的能力，来增加文章的内容。你在看到题目以后，应该让你的思想散步，可是，你没有那样做，你呆呆地守着那题目不动。所以，你觉得没有什么可写。

“看，你写的《一只蝴蝶》。你说，蝴蝶飞到你家院子里来。想想看，它为什么飞过墙来？有一句话：要知道蝶儿在哪里，先看花儿在哪里。蝶和花总是分不开。看到蝶，难道不联想到花？一想到花，难道不联想到春天？春天，院子里开了许多花，引得蝴蝶飞过墙来。只有一只蝴蝶，是因为春天刚刚来到。到了春天，不但蝴蝶要采花，由蝴蝶再联想到蜜蜂，文章的材料就多了。

"《我们的教室》，这个题目不好做。你在看到这个题目的时候，如果肯让你的思想去散步，马上就可以联想到人家的教室。教室都是相连的。人家的教室挂着秋瑾，我们的教室挂着岳飞，因为我们是男生班。人家的教室写着'勤勉向上'，我们的教室写着'至诚大公'，因为班训不同。人家的教室干干净净，清洁比赛常得第一，我们不行，水泥地裂了缝，扫不干净，又有几个同学爱乱丢字纸。这是由自己的教室联想到别人的教室。采取相互比较的写法，就有很多材料可写。

"再看你写的第三篇作文：《手帕》。这篇写得最好，因为你在里面写了一点小学时代的生活。这是写回忆，而回忆也正是由现在联想到过去。你还可以再多回忆一下，多联想一些。手帕使人联想到清洁，那些不带手帕的孩子早已养成一项坏习惯，把鼻涕抹在袖子上，以致他们的袖子上有许多黏液的痕迹，像蜗牛爬过一样。手帕使人联想到美观，幼儿园里的小宝宝胸前挂着一条小手帕，看上去格外漂亮。有的太太手心里握一条手帕，像握住一朵花。手帕还可以使我们联想到一些有趣的事情：有的女生考试的时候把方程式写在手帕的边缘，暗中作弊，若是监考的先生走过来，她就连忙用手帕捂住鼻子。”

黄老师一面恳切地说着，一面注视小明的反应。小明很能接受黄老师说的话。

他想轻松一下，就提议跟小明做一个联想的练习：他先说一个词，小明接着把所联想到的词句说出来。

“吃饭！”

“爸爸！”

“什么意思？”

“妈妈说，我们吃的饭是爸爸挣来的。”

“好，接下去。爸爸！”

“妈妈！”

“什么意思？”

“妈妈常把爸爸从前的事讲给我们听。”

“好的。那么，妈妈！”

小明歪着头想了一会儿：“吃饭！”

“什么意思？”

“有一次，妈妈赌气回外婆家去，我和爸爸都没有饭吃。”

哈哈！客厅，卧室，都有了笑声。

作品示例一：万物有情

黄老师关于想象力的特别讲话。

“万物有情”似乎是佛教徒的话。在一个语文教师看来，这话对讲授王梦鸥先生写的《喧嚣》颇有帮助。万物有情：人有表情、感情；马牛羊鸡犬豕也有表情、感情；金银铜铁木石也有表情、感情。文艺作家常把一切非人的东西写得栩栩如活人，例如赛珍珠在《北平的来信》里有一段描写母牛产女：

“我走进牛栏，发现我的宝贝牛——西赛莉，在夜晚已经献给我一头漂亮的小母牛。它们母女都很平安，西赛莉穿过牛栏的栅门，沾沾自喜地注视我。它是一头古尔尼西乳牛，浅红色的鼻子，略带碟形的脸儿，那张脸给它增加了乖巧的神态。它的态度是无罪的，依照古尔尼西乳牛的习性，当它看见我的时候，它是不起来的。无疑的，那是由于它的功绩，而原谅了它自己。小牛生得很完美，有一个淡黄褐色的好看的头，背和屁股的轮廓也不错。因为我们是陌生的，所以它惊恐地、怯弱地盯住我。它的母亲舔着它的面颊，使它安心。为了对西赛莉表示好意，我拿给它一些调制好了的生产期间吃的饲料，但它不贪吃，只是慢条斯理地嚼着。看样子，若不是给我一个面子，它根本就不吃。”

这一段文字，描写的是牛，但作者的态度好像是写人。像“沾沾自喜”“乖巧”“原谅了它自己”“使它安心”“给我一个面子”等文句，都是把平常加在人身上的话拿来加在牛身上。这是以待人之心待牛，是把牛比成人。所以，这种写法，谓之“拟人”。不但有生命的东西（牛）可以拟人，没有生命的东西也可以拟人。例如一个诗人写的：

青山个个伸头看，看我庵中吃苦茶。

山是没有知觉的，而且是不能行动的，无论你在家里做什么，它也绝不会伸头看。可是，这位诗人住在乡下近山的地方，院子很大，围墙很矮，平常坐在屋子里，常常看见墙头外面的山峰。山峰如果有眼睛，不难越过墙头，穿进窗子，和他的目光相接。现在，诗人低着头吃茶，附近一个人也没有。他的这种高雅的生活，没有人来扰乱，只有那几座青山。如此这般，就有了那两句诗。

《喧嚣》一文，是把汽车当作人来描写。汽车是没有生命的，可汽车是人造的，人坐的，又是人操纵驾驶的，所以，汽车身上有浓厚的“人”的色彩。它的“人味儿”比青山要多，既然可以用写人的笔法写山，那更可以用写人的笔法写车。——凡是人造的、人用的东西，都有“人味儿”，都便于使用拟人法描写。例如人的衣服，假定那里挂着几套衣服，你看见的仿佛不是衣服，而是人。那一套洗得很干净、烫得很平的童子军服，仿佛是个品学兼优的学生，平均成绩常在九十分左右；那一件黑色长袍加一件马褂，仿佛是个威严的老祖父，只有小孙女儿敢捋他的胡子；那一件旗袍，色彩鲜艳，又瘦又短，开叉又高，仿佛是个美丽的、存心惹人注目的妇人。衣服如此，汽车亦然。我们观察汽车，尤其是看远处的汽车，常常发觉它们有性格、有情绪，有的在超车时横冲直撞，有的在转弯时谨慎小心。这本是车中驾驶者的性格的流露，但看上去很像是那个“铁甲虫”有了生命。这种观察比较粗疏，而《喧嚣》的观察则甚为细密。

《喧嚣》描写的场景，也许需要稍加解释。铁路和公路交叉，现在用高架，从前是在公路两旁用栏杆拦起来，汽车停住，让火车通过，形成所谓“平交道”。火车通过市区的时候，平交道暂时停止交通，铁轨旁就会聚集很多行人和车辆。火车通过以后，交通恢复，这些车辆和行人再穿过铁轨分别散去。这种偶然的聚散，一天内要造成好多次。《喧嚣》以此为背景，写出了一幕大人的童话、现代的寓言。

这里面有五部汽车，象征五种人格，代表都市生活的五个层面。首先出现的，是一部雪佛兰小轿车，它代表富贵快乐的年轻女性。这个牌子本不是上等货——比后面出现的别克差得多——而且车的本身也没有雌雄性别。（有一个故事：两辆汽车在公路上相撞，交通警察追来查究责任。驾车人一方是男，一方是女，警察先问男方：“谁先撞上的？”男方说：“当然是 Lady First。”女方把眼一瞪，问：“你怎么知道我的车也是母的？”一笑。）可是“雪佛兰”这个译名太柔美了，中国作家往往借字面所唤起的想象力，让它里面坐一个现代的陈圆圆或绿珠。把车里的“人”的生命扩大了，扩大成“车”的生命，这辆雪佛兰就“一身珠光宝气，带着一团高兴去赶一个愉快的约会”。司机到了平交道前，看见拦路的横木，不得不停住。见到前面有障碍就按喇叭，这是司机的习惯，这位司机虽然知道在平交道的拦路木前应该止步，还是下意识地保留了这习惯。这一声喇叭，好像是雪佛兰小姐“轻叫了一声倒霉”。这时候，是“华灯初上”的晚上，汽车行驶的时候要开灯照明，当它停下来时，司机要把车头的大灯关掉，把大灯底下的两盏小灯打开——这两盏小灯活像“美丽然而有点怨恨的眼睛”。

第二辆车是福特。福特是美国汽车制造业的巨子，他有一本自传，叙述使汽车工业大量生产的种种经验，是工商界人士必读的一本书。福特厂也出产小轿车，可是在这里出现的是一辆货车。它常常跟粗糙笨重的货物摩擦，油漆上面有许多伤痕，就像人脸上有许多皱纹，可以说“风霜满脸”。旧式货车都是方头的，不像小轿车是流线型，所以这辆福特货车的表情是“呆呆的”。至于“充血的眼”，大概是这样：汽车内部有一套发电、输电的设备，如果这套设备陈旧了，线路有了某种毛病，车灯放出来的光就不够明亮，有些发红或是发黄。“风霜满脸”的老福特可能就是这样。

这个临时聚合的场面里，有一个主角。这个主角是雪佛兰，由她引出一辆福特，再引出一辆道奇。我们中国人对 Dodge（道奇）的印象，全是大卡车，所以有人将其译为“大道奇”。汽车运垃圾是都市开发以后才有的事，所以这辆垃圾车的样子“还年轻”。他的外表很脏，很容易理解。他的“门牙”——我想是指车头前面的排障器，又名“保险杠”——人家的保险杠擦得雪亮，垃圾车就不行。他往前挤——车辆在平交道前等待通过时，常有这种往前挤的情形，为的是通过时着一先鞭。他挤，雪佛兰只好让，引出后面的一辆轿车，引出旁边的一辆别克。别克和雪佛兰是同一个工厂出品，前者身价却高得多，这种轿车象征雄厚的资财和豪华的社交生活，最宜代表坐拥巨万遗产的阔少。小别克的主人当然非常爱重自己的座驾，所以是“衣冠楚楚，营养甚佳”。他“护花”，以致与老福特发生争吵。论硬碰硬，小轿车当然碰不过大卡车；论价格，通常也是大卡车的价钱贵。雪佛兰轿车约值三千美金，别克约值四千美金，可是大货车的一个底盘（即车轮厢等除外）就要五千美金，所以道奇慨叹着：“小姐！别以为我是不干不净的，出厂的时候，我的身价可不低呵！”

正争论间，火车业已通过，拦路木也已放开，大家可以走了，争论自然结束。依交通规则，大车要让小车，但在作家眼里，这就是“雪佛兰等待不及……率先越轨，赶她的热闹去了”，这就是“小别克因为身材短小灵便，斜刺里一个箭步向前”。依交通规则，车子开行时要单击喇叭，在作家眼里，这就是“娇嗔地骂了一声”。分别时，各人（车）的性格情绪更明显了：雪佛兰轻佻，小别克浅薄，老福特忍耐，道奇愤慨。而另一辆轿车，那位“少妇”呢，既没有落后，也不愿抢先，一心只沉湎在爵士乐声（车上装有收音机）里，是个不关心现实的颓废派。

作品示例二：秋色

秋色，秋天的景色。

秋天到了，树叶落了，草枯了。单纯的风景太空洞，诗人管管用想象力把风景当作人来写，老人，汉子，女子，一一出现。这种写法叫“拟人法”。写人与人之间的事总是比较顺手，读者也比较关心。

一出手，他就说：“昨天，傍晚正在抽着烟。但断断不是大漠孤烟直的烟，而是女子般的袅袅。”把傍晚的炊烟说成傍晚在抽烟，是把傍晚当作一个人。通常我们以“袅枭”形容女子，本文以“女子”形容枭枭，也把炊烟当成一个人了。通过想象，一股炊烟变成了一个男人和一个女子的对话。紧接着，他说“不是大漠孤烟直的烟”，作者自己也加了进来，他说眼前的南方景色和他北方故乡的景色不同，南方纤柔幽美，北方磅礴壮伟。为什么这样说？给我们读者留下了想象的空间，他是不是隐然寓有背井离乡之痛？

不容我们多想，他突然指给我们看：“秋”这个汉子，从我门前那株老枫上飘然跌下（活该，谁叫你不小心），竟跌得秋萧萧瑟瑟独语起来。这一段，也许是从“一叶落知天下秋”化出来。“一叶落知天下秋”是推理，“汉子”跌下来是想象。“汉子”一词，在传统小说中指坚忍、孤独、强壮、飘浮无根、满面风尘的男人，而且是个老人。汉子“跌下”，令人联想到前文失乡之痛，加上一句调侃意味的“活该，谁叫你不小心”，可见周围也没人同情，只有萧萧瑟瑟的独语。通过这个老年的流浪汉，写出秋天的孤寒寂寥。

地面如此，天空又是什么样子呢？管管说：“那时的老天，东面没有云，南面也没有云，北面没有云，西面也没有云。”管管的文笔一向活泼俏皮。金圣叹也活泼俏皮，传说金圣叹赶考，在考卷上写下：“出其东门，西子不来；出其南门，西子不来；出其北门，西子不来；出其西门，西子来矣！西子来矣！”管管也许受了金圣叹那么一点影响。管管的俏皮里也许上承古典，古典诗歌里面有“鱼戏莲叶东，鱼戏莲叶西，鱼戏莲叶南，鱼戏莲叶北”。我们还可以想象，那汉子跌倒在地，爬不起来，他抬头看天，看了东面看西面，看了南面看北面，结果四面无云。咳，你能想象吗？这又是什么滋味？

这些，管管没说，他说的是：“我敢断定秋这个汉子绝非从云上跌下来的。是他这个流浪汉又喝醉了酒，满脸红红的，又把他那一件一件破衣裳摔了个满地萧萧，而且也红着一块脸、紫着一块脸地呻吟了起来。”管管很会观察，他看出落叶上面深深浅浅，不止一种颜色。古人只说红叶喝醉了，管管进一步说秋天跌伤了，而且衣服也摔破了。本文始终以汉子拟秋，在这个原则下，与汉子有关的许多事物都成了与秋有关的比喻，如醉颜之于红叶，破衣之于枯枝败叶，伤痕之于紫色，呻吟之于秋声等。醉颜、破衣、伤痕、呻吟，与汉子为一体；西风、败叶、丹枫，与秋为一体。秋景毕现，汉子的形象亦凸出。

散文多半“有我”，管管究竟忍不住也呈现了自己。

一句“秋东飘西荡的（真好看，醉得像个孩子），蓦地一把就抱住了我。他也不管他是赤条条的，就知道紧紧抱着我，叫我也萧瑟了起来”，把二者合一了。“赤条条”三个字莫轻易放过——“无边落木萧萧下”，是树的裸露；“北风卷地白草折”，是大地的裸露；“水落石出”，是河床的裸露；“赤条条来去无牵挂”，是作者的裸露。三个字强化了这裸露的秋景。“赤条条”而又“蓦地一把就抱住”，写秋气袭人，使读者感到肌肤的冰冷而又措手不及。管管这才说：“我才知道秋是个孤寒的人，我才知道我也是个孤寒得不能再孤寒的人。”

“秋”也孤寒，“我”也孤寒，人间毕竟尚有孤岛。“秋呀，这样就会暖和着？这样就不会再漂流？那么就快跟我到家里来，我的楼上有酒，有火炉。”两者忽然对话，文势一振。管管笔锋再转，出现姐姐：“这几天傍晚，姐姐总拉着我到海边林中去踏落叶。姐姐说，秋这个人是爱躲在落叶底下睡懒觉的，我们一定要把秋踏醒，让他去漂泊。他天生是个流漂的人（我想海也是个流漂的人）。”

在这一段，“流漂”一词并非“漂流”之误植，流漂就是流漂，是流来漂去，时流时漂。“流漂”与习惯的用法不合。用字如果与习惯完全吻合，往往（当然不是一定）

因太易消化而令人忘了咀嚼，是以现代散文作家多半不甘文从字顺为已足，常从习惯中突破挣出，求变求新，甚至不辞奇险僻冷。

既然拣拾落叶，活动的范围扩大了，秋色也丰富了：写了海滩海浪、秋夜秋星；写了秋云，而且说秋云有“家”，秋星也躲进人的瞳孔；写了纺织娘和秋铃子，想象用落叶做书签，读书时可以听到秋虫歌唱。这有点像童话了，管管以童话之笔写出他跟秋色的一段谈话：

“秋，你从哪儿来的？”

“我从塞北。”

“你要去哪儿呢？”

“我要去江南。”

“去江南做什么？”

“喝酒。”

“不要再漂泊好吗？”

“不，漂泊是去找一个人。”

“什么人？”

“不是你我。”

“是他吗？”

“也不是，是一个叫收获的人。”

本段对话，在文字形式上特别醒目。先问秋的来路去向，用塞北江南这种辽阔的名词表示流浪之无尽无休，用“喝酒”二字表示流浪生活之空虚。流浪者并不在茫茫长路上停止，因为他的流浪本有目的，他要“找一个人”。这个人不是你我他，不是具体的人，而是“收获”。秋天是收获的季节，在这里，收获也拟人了。本文从开头下来都是用拟人的写法，既写秋，又写汉子，不论是秋还是汉子，现在都能在“收获”一词上找到着落。

我的实践：古典诗变奏

律诗精炼，把许多想象都浓缩了。所谓“变奏”，就是用我们的想象力把它释放出来。

王维《渭城曲》：

渭城朝雨浥轻尘，客舍青青柳色新。
劝君更尽一杯酒，西出阳关无故人。

连日春风把柳枝染绿，拉长。早晨一阵细雨把高原的尘土压下去。这样的好气候好景色，旅行的人也要多住几天，你却要开始远行。

我们来送你一程，心里想的却是挽留。你看这一丝一丝的雨水，滴进一粒一粒的尘土，长出一棵一棵的禾苗，做成一粥一饭。你看这些人，和你同饮一口井里的水，同吃一块田地里长出来的庄稼，几乎是同时长出这一身结实的肌肉。你看我，我看你，亲切，顺眼。我们端起酒杯，真心希望你喝下这杯酒以后，突然决定卸下行装，说一句“我不走了”。

出门一步，条条大路。你沿着这条路走下去，有老人，没有你的父母；有炊烟，没有你的食物；有学校，没有你的同学；有教堂，没有你的菩萨。来，端起酒杯，再敬你一杯酒，问你在路的那一头，你得劳心劳力，花多少时间，把那些人变成朋友？在那遥远的地方，你真能把沙漠变成沃土？飞花落絮，飘零无根，你为何去受那样的苦？嫁出去的女儿泼出去的水，走出去的男儿灌下去的酒！来，喝下这杯酒，回心转意不要走。

一直揣想你为何舍弃这里的柳绿桃红，细雨轻尘。身上有脚，门外有路，路上有辙，风里有花粉，天上有太阳，日落的地方有鸡声茅店。想到鞋子，千里之行，始于足下，在家靠屋顶，出门靠鞋子。你需要鞋子，在河川一样的道路上，独木舟一样的鞋子。这里有几双鞋子，家乡人送你的鞋子，看着你长大的人，和你一同长大的人，用眼光丈量你的脚，用手心贴着你的脚心，一针一线缝起来的鞋子。无论你走多远，这几双鞋都在你身边张着口，说着你的乡音。

有人说，送人礼物，不要送鞋，鞋子造成离散。非也，鞋子只是在离散时保护你的脚。好好保护你的脚，脚在，故乡就在。不管走多远，别忘了写封信，带句话，做个梦。总要回来看看，家乡的井水是你的茶，家乡的五谷是你的饭，家乡的山丘是你的枕头，家乡的河流是你的血管，家乡的日月是你的钟表。

你要走很远的路，以不同的环境、不同的身份、不同的心情，穿各式各样的鞋子。没人知道世上一共有多少种鞋子。你会有很多鞋子，穿破了的鞋子，穿厌了的鞋子，变了形不合脚的鞋子，受消费欲望支配买来不穿的鞋子。你在休闲时工作时运动时赴宴时穿不同的鞋子，你在冬天夏天热带温带穿不同的鞋子，你在落后地区和高度开发的地区穿不同的鞋子。有一天，你回来，脚上穿着今天送给你的鞋子，这双鞋认得回家的路。

好吧，劝君更尽一杯酒，大风大雨一抖擞！

施肩吾《闻山中步虚声》：

何人步虚南峰顶？鹤唳九天霜月冷。
仙词偶逐东风来，误飘数声落尘境。

诗人说，我相信有神仙，空山是大自然给神仙留下的空间，我走进去体验仙凡之别。最好是秋天，有一点寒意，神仙不流汗。夜间，没人看见我，我也看不见别人，神仙不喜欢摩肩接踵。月光朦胧，神仙的面纱，我的神秘感。还有，绝对安静，人造的声音都是对神仙的亵渎。

静，除了静，还是静。人是制造声音的动物。秋天，声音比夏天少；夜间，声音比白昼少；深山，声音又比平地少；还有，修道的心清微淡远，隔音的效果比一般人好。俗话说，针尖落地的声音也听得见。在山中，游丝飘过也听得见，蚯蚓翻身也听得见，欲念萌发也听得见。但是，这里没有游丝，没有蚯蚓，也没有七情六欲，连这些声音也没有。今夜心中，第一斧盘古未劈，第一笔伏羲未画，第一个玩偶上天未造，只有静，绝对的静。

没有声音就用不着耳朵了？不然，最响亮的声音，在没有声音的地方才可以听到。世界没有声音，你才需要耳朵；世界有声音，你最好没耳朵。“空山不见人，但闻人语响”，因为静，人声特别响亮，这个“响”字也特别响亮。这个“响”字不是给人家看的，是给人家听的。有些字，柳、雨、中、尖，给人看；有些字，鼓、刮、溅、砰，给人听；有些字，囡、幽、困、氓，给人想。诗人月夜入空山，作诗选韵，不押平声押上声，上声如乐器中的笛、武器中的箭、植物中的白杨。诗人把上声的强音释放出来，顶、冷、境都特别响，山也特别静。

对了，上声也如鸟中的鹤。也是无巧不成诗，这时一鹤飞过，高空长鸣，清虚之气，沛乎苍冥。世上没有类似的声音可以比喻，世上也没有同音词可以状声，只能说此声只应天上有，人间哪得几回闻。没人说鹤在他家里叫，它在天上叫，叫给神仙听，空山吸引东风，报之以余音回荡。这一声叫非同小可，秋月更白，秋露更冷，秋山更静，秋心更空。听见这一声叫，人的五脏六腑干干净净，刹那之间，自信也能御风而行。

常言道，什么人玩什么鸟。武大郎有猫头鹰，庄子有鹏，成吉思汗有雕，林黛玉有鹦鹉，八旗子弟有画眉。苏东坡有鹤，秋夜，江上，静，表示他道家多于佛家。鹤是神仙的宠物、帝王的家禽。蓬门荜户养鸡养鸭，最多养鹅，鹅是鹤的模仿者，画虎不成。这天晚上，诗人明知是鹤，不信是鹤，他说，你看，说神仙，神仙就到，从我们的山峰凌虚漫步，吟诵辞章。

赵师秀《约客》：

黄梅时节家家雨，青草池塘处处蛙。
有约不来过夜半，闲敲棋子落灯花。

他说，今天晚上，他到我这里来吃一碗素面。

想起来了，今天是他的生日，每年生日这天他都吃素，这天他婉谢一切酬酢。

来吃素面，算是来避寿了，他有这个想法，我高兴。

从昨天起，我吩咐厨房不烹鱼炒肉，不使用辣椒大蒜，让厨房的空气干干净净。

除了面，应该还有几样小菜，我郑重参考了食谱。

黄梅季节，这一带整天下雨，人烦恼，青蛙高兴，大声合唱赞美诗。这一带，农夫挖了许多池塘，储水灌溉，立刻成了青蛙的家乡。这个族群不肯安安静静过日子，有事没事大喊小叫，先是一只一只接着叫，然后整个池塘一齐叫，然后一个池塘一个池塘接着叫，好像无形中有个指挥。

由它吧，等他来了，我们就能换一个世界。

可是，他没来。

没什么，他说过，如果他不来吃面，一定是临时有什么事情绊住了，饭后，他会来喝茶下棋。

什么事情绊住了他？那样潇洒的一个人。

面凉了，想起他不吃烫嘴的热面，温度高，妨碍口腔健康。他懂得爱惜，爱惜自己，也爱惜朋友。连梅雨也爱惜，他说水变成雨也要经过一番修行，不容易。连青蛙也爱惜，他说一群不懂事的孩子喧闹，也是天地间的生气。

好吧，泡好茶，摆上棋盘。

他说，这副棋子，这张棋盘，都有来历；哪里的石头，哪里的木头，哪里的工匠，都有名声。棋子，你用食指和中指夹起来，选好位置，放下，有训练，这种姿势也是文化。落子的时候有声音，这一副棋，落子的声音不同，这种声音也是文化。

那就等着看他的食指和中指，听他落子。

可是，他也没来喝茶下棋。

他也说过，如果他连喝茶下棋也错过了，那一定是万不得已，但是，他最后还是要来，把他准备送给我的礼物带来。他说，马车停在门外，他下车站在门口，不进屋子了，授受之后，一揖而别。

可是，这最后的承诺也没能兑现，他终于没有来。

到底发生了什么事情，我不知道，只知道青蛙沉默了，梅雨断流了。常言道，雨夜如墨，今夜还要再加上一点黑。锣鼓卸妆了，管弦散场了，今天的生活结束了，灯芯草结了一朵很大的花。

我朝棋盘上摆棋子，摆一个白子，再摆一个黑子，好像两人对弈。无意识的动作，只要棋盘上有子，只要落子时有声。

下棋落子，有时需要仔细思考，思考很久。这时，手指捏着一枚棋子，轻轻敲着桌面，非常好听。也是无意识的动作，为了屋子里有那声音。桌面轻轻震动，灯花落下来，我吃了一惊。

创作活动之三

体验

解说：将人心，比自心

黄老师讲完了观察、想象，接着讲体验。这是提炼文章材料的另一步功夫。而体验，用俗语来说，就是将人比己。

暑假中，学校纷纷招生。有一家中学在招考新生的时候出了这么一个作文题："上月，公路发生车祸，丰址学校林老师因救护学生伤重身死，令人感动。把你自己设想成在那次车祸中受伤的学生，写一篇文章。"

出题的人，从一条新闻中得到灵感。那条新闻的梗概是这样的：暑假到了，丰址学校的一群学生结队远足，由他们的林老师率领照应。他们搭乘汽车出发，这辆汽车走在路上，不幸被一辆货车撞翻了，很多乘客都受了伤。林老师自己身上也鲜血淋漓，可是他先去替受伤的学生包扎伤口，又去安慰没有受伤的学生，让他们一同坐在大树底下。好容易盼到救护车来，他又让先运送受伤的学生。后来，这位林老师昏倒了，再也没有醒过来。而在他快要昏倒的时候，他还把自己沾满了血渍的香港衫脱下来，覆在一个受伤很重的学生身上。

在当时，这是轰动一时的大新闻。所以，出作文试题的人要考生从它里面找文章。可是，试题宣布以后，又成了议论纷纷的小新闻。有人说：文字这么啰唆，哪里还像作文题？有人说：绝大多数考生并没有看到那次车祸，教他们从何写起？有一天，黄老师接触到这个问题。他的学生从口袋里掏出一份报纸来，问："老师，您有没有看到这个题目？"黄老师是看到了的。"老师，这个题目怎样做？我们都觉得写不出来。"

黄老师说："这个作文题，你们应该研究研究。固然，你们已经是中学生了，永不致再去参加中学的入学考试。不过，你们以后可能参加大专的入学考试，可能参加留学考试。你们看到今年留学考试的作文题了没有？”

学生说，没有看见。黄老师打开抽屉，取出一张字条来给他们看。上面写的是：

（一）一个水手，在海上航行了三个月，非常想念他的家。这时，他听到了回航的命令，试写出他这时的心情。

（二）这个想家的水手，在茫茫大海中回航。有一天，隐隐望见了家乡港口的山影，试写出他的心情。

（三）船靠岸了，想家的水手一跃登上码头，试写出他这时的心情。

“这也是作文题目吗？”学生有些疑虑。

“这是一个很好的作文题。”

“为什么分成三段？”

“因为出题的人希望前来应考的人把这个水手心情的变化写出来。这水手，在刚刚接到回航命令的时候，是一种心情；望见家乡的青山，是另一种心情；踏上家乡的土地，心情当然更不同。你想，那些参加留学考试的人，都做过水手吗？”

“恐怕没有吧？”

“参加留学考试的人没有做过水手，作文题偏偏要他写水手想家。考中学的人没有遇上车祸，作文题偏偏要他写车祸受伤。这样的题目，怎么下笔呢？办法倒有，叫作‘体验’。你不是那个水手，但是你可以体会那水手的心情，你可以把自己的乡愁放进那个水手的腔子里，你可以假想：如果那个水手是我，我在茫茫大海中心情如何，在登上码头时心情又如何。”

他们谈话的地方是在黄老师的家里。那天，天气很热，黄老师不但打开电扇，还用冰块调了橘子水招待他的学生。他举起一杯橘子水说：“天气这么热，我们又说了这么多话，每个人的舌头都可能有点发干。现在，你们先不要喝水，看我来喝。”

他一气灌下半杯，咂咂嘴唇，说：“我喝到了橘子水，你们没有喝到。虽然你们没有喝到，但你们好像能感觉到这橘子水多么凉，多么甜，多么解暑。你们可以猜得出，我喝上这杯水多么痛快，我的口腔、我的喉管、我的肠壁是如何欢迎它们。你们怎么会知道的？因为你们昨天喝过橘子水，你们在很热很渴的时候有过喝水的经验。你们拿昨天自己的经验来体会明天别人的心境，这就是体验。能体验，就能写别人的事情。我们不是水手，可是我们如果离家太久，都会想家，把我们想家的心情，分给那个水手吧。

我们不是那个翻车受伤的学生，可是我们如果遇到危险，都会感激那营救我们的人，把我们感恩图报的心情，分一些给那个受伤的学生吧。这是将人比己，这是设身处地。拿专门用语来说，这叫‘心的分裂’。”

他放下玻璃杯，请他的学生们举起玻璃杯。

刚才，他们进来的时候，黄老师正在写大字消遣。这天是阴历七夕，黄老师信口吟哦，笔下写出秦观的《鹊桥仙》，写到最后半句，被学生们的访问打断。学生们一面喝橘子水，一面欣赏老师摊在桌上的书法。有人读过这首词，轻轻地朗诵一遍，连未写出来的半句也能朗诵出来。有人对这首词很陌生，请求老师讲解一番。

“好的。”黄老师想了一想说。

黄老师对这首词的介绍，经一位同学记录下来，发表在校刊上，那篇文字是这样写的：

鹊桥仙·七夕

我刚刚给你们谈过“体验”。秦观的这首《鹊桥仙》，可以说大部分靠“体验”的功夫写成。这首《鹊桥仙》写的是牛郎织女。牛郎和织女被天河分开，一年只能见一次面，到了可以见面的时候，喜鹊来替他们搭桥。秦观描写的就是他俩的悲欢离合。秦观既不是牛郎，又不是织女，甚至他既不认识牛郎，又不认识织女，凭什么写牛郎和织女的心情？凭体验的功夫。

我说过，体验就是设身处地，就是将人比己。他不认识牛郎织女，但他认识自己。他自己跟所爱的人，相会就快乐，相离就痛苦。长久地离别，片刻地团聚，片刻地团聚，又长久地离别。这种痛苦令人难以忍受。人是最高等的动物，是有灵性的动物，他遭逢重大的痛苦时能产生一种哲学，哲学帮助他把痛苦变成安慰。两人若是以真性至情相爱，他们能不能每天见面，那都没有关系。他们每年见一次面，见面时的那种感动、那种快乐、那一阵互相融化了的感觉，是一般人所没有的。所以，他们每年见一次面，胜过普通夫妻天天厮守。这是秦观的经验、秦观的想法。他把他的心情注入牛郎和织女的心中，这是体验。他用体验的方法，得到这首词的内容。

我以前讲过观察，讲过想象，现在又讲体验。这三项，讲的时候分别独立，用的时候却是相互联结。一篇作品，有观察，有想象，也有体验。有观察以后加上想象，有观察以后加上体验，也有的在想象之中寓有体验。这首《鹊桥仙》，观察、想象、体验都有，三者相互为用。我们一句一句来分解它。

“纤云弄巧，飞星传恨。”

这是写景。七月的云特别美丽，叫作“巧云”。七月的星非常灿烂，又常常有流星飞过。纤云，流星，是秋季天空的景象，被诗人看到，写在作品里。他不肯为写景而写景，加入了一些想象的成分。秋天的云，为什么特别美丽呢？也许跟织女有关吧。织女是一位美术设计专家，她织的锦独出心裁，她做的服装天衣无缝——秋云，也许就是她的一幅幅图画吧。她住在银河岸边，牛郎被隔在河的对岸，他们不能握手，不能谈话。他们能不能写信呢？天上有没有一种工具，可以飞越大河，把他的情书带给她，把她的礼物带给他？如果有，那一定是流星了。这是诗人的想象，或者是我们读诗时候的想象。有了这些想象的成分，格外动人。

“银汉迢迢暗度。”

银汉就是银河，也就是天河。这条河很宽，没有桥，没有船，使牛郎和织女不能够渡河相见。这层意思，是根据神话传说，但是，其中的感情却能够与我们的生活经验相印证。我们如果见过一条波涛汹涌的大河，如果曾经被这样的大河阻断去路，就会感觉出这六个字的力量。

“金风玉露一相逢，便胜却人间无数。”

这条宽阔的大河，平时不许渡过，只有到了秋天，到了七月七日的夜晚，才会有难以计数的喜鹊奉命来为他们搭桥。于是，在金风玉露之中，牛郎踏着鹊背来了；在金风玉露之中，牛郎又踏着鹊背走了。每年只有这一次见面，可是，仅仅这一次，也值得安慰了，也值得骄傲了。世界上有多少夫妇，缺乏这种生死不渝的爱情，缺乏这种历劫不磨的爱情。这样平凡的夫妇，纵然天天相守，又哪里懂得真爱的滋味？这话由想象而来，更是由体验而来。

“柔情似水，佳期如梦。”

八个字描写牛郎织女相会的境况，全是体验。

“忍顾鹊桥归路。”

也是体验。柔情是无限的，而佳期是短暂的。那条鹊桥，叫人怎忍再看！没有鹊桥，他们不能见面；有了鹊桥，见后必须分开。昨晚，是鹊桥玉成了好事；

今晨，又是鹊桥拆散了姻缘！

“两情若是久长时，又岂在朝朝暮暮！”

这是很深刻的体验，社会上一般所谓“交朋友”，要常常见面，互相应酬，才可以维系感情。倘若搬了家，调了职，彼此不常见面，情感就疏远了。对这种朋友，见面是很重要的。真正的知心朋友，却不是这样，他们在形体上分开了，精神上却仍然在一起。正因为不能见面，他们才更思念对方，对方的影子印在自己心上，才印得更深。有了这样深挚的感情，又何必去计较是否天天见面呢？

综观这首《鹊桥仙》，描写离别的痛苦、现实的悲凉、爱情的贞固，可以说是一篇爱情的宣言。这是牛郎织女的心声，这是秦观的心声，这也是世界上每一个有情人的心声。这样的作品，非有体验的功夫不能写，也非有体验的功夫不能读。

补充解说：戏剧 360 度

你喜欢看戏吗？为什么看戏？有人看戏是为了受感动，有人是为了看热闹，有些女士是为了看服装化妆，有些男人是为了大胆看女人，也有人说他是为了看世界各地的风景。

现在要谈的是体验，看戏能增加体验的机会，也培养体验的能力。剧情发展要靠冲突，冲突是一种刺激和反应。剧中人不是一枚铜板，掉下去，贴在地面上不动了。他像一个皮球，会跳起来；他又像一个撞球，身旁还有别的球受到影响，参与冲突。俗语说，一个和尚挑水吃，两个和尚抬水吃，三个和尚没水吃。在戏剧里，两个人也不能结伴上路，因为一个要往东，一个要往西；一个人也不能独行千里，因为他内心矛盾，犹豫不决，只见他在舞台上转圈儿，任你把他看清看透。

既然有冲突，剧中的每一个人都要站出来展现自己，裸露自己，不能逃避，不能隐藏。即使逃避、隐藏，也要让我们看见他怎样逃避、怎样隐藏。冲突中见人的性情、人的品质、人解决问题的方法。夫妻要吵过架，丈夫才开始了解他的妻子。王尔德甚至说，夫妻要闹到离婚，才互相了解对方。你看戏，同时了解他们两个。看戏可以使你了解许多人，而不必付出那么大代价。

通常我们每一个人的世界都很狭小，写作的材料也因陋就简。你是南方农民，生活里就没有长白山的猎户；你是语文教师，生活里就没有军官学校——你若常看戏剧，这些就全有了。这些人进入了你的生活，也是你的生活经验，这叫“间接经验”。阅读、旅行、观剧、调查、访问，都是间接经验。你的接触面扩大了，生活经验增加了，就储存了更多的写作材料。好比做生意，你的资本由一亿增加到十亿了；好比带兵打仗，你能指挥的军队由一个师增加到十个师了。

我不能同时同地陪你看一出戏，但可以异时异地和你读同一个剧本。我们选一个东西南北最容易找到的剧本，莎士比亚的《李尔王》。你看谁的译本？我这一本是朱生豪先生翻译的。我们偏重故事情节，谁译都可以。这是一出大戏，我们长话短说，李尔是人名，在剧本里他是不列颠的国王。李尔王有三个女儿：长女和次女花言巧语，处处讨父亲的欢心；幼女看出两个姐姐的虚情假意，不屑和她们一争短长。李尔王到了晚年也表现出了他的爱憎，他把国土分成两份，传给长女和次女，把最小的女儿远嫁到法兰西。

李尔王这一家人，每个人都只为自己设想，只有编剧的人莎士比亚，他为每一个人设想。老人累了，想享一点清福，那就把国土分给两个女儿，由她们去治理吧，他自己轮流住在两处的宫殿里，由女儿女婿奉养，以终余年吧。国王一向发号施令，独断专行，他没和任何人商量，就这么宣布了，实行了。他认为这是对女儿的恩宠，当然没有问题。他只为自己想，没为女儿想。

等他带着一百名卫士，住进长女的皇宫，问题来了。一辈子做国王的人，到了老年，有他的生活习惯，有他的思维方式，这些都成了国王的尊严，他改不了。他的一百个卫士也都沾染了这种尊严，待人接物比一般官兵嚣张跋扈，他们也改不了。一个国王，需要很大的空间来容纳他，整个皇宫、整个国土都是他的空间。忽然寄人篱下，反主为客，他处处挤压别人，却感觉是自己受到挤压。

从前，国王都蓄养"弄人"。弄人专门说笑话逗国王开心，有特别的言论自由，可以使用笑料，产生笑果。咱们中国也有过这样的人物，《史记》专门为他们写了传记。李尔王入驻新宫以后，第一个冲突由此发生，新国王的弄人说了犯忌的话，老国王的卫士给了他一顿毒打。老王的尊严和新王的尊严摩擦冒出火花。

李尔王的长女怎么想？她为自己设想，怎么一个皇宫里有了两个国王？！那年代，国王必须至高无上，臣民才对他服从，邻邦才对他友善，他才可以推行政令，安国定邦。怎么可以王上再加一个王?! 再说皇宫是何等敏感的地方，武官进门都得脱下军靴，换上软底布鞋，现在忽然涌进一百个武士，全副披挂，刀剑铿锵，简直成了兵凶战危的地方。倘若这些人有犯上作乱之心，那怎么办?! 她对李尔王说：您不需要一百名卫士，五十个就够了。她下令把父亲的卫士裁掉一半。

李尔王一向脾气急躁，老年动脉硬化，更容易发怒。他一看女儿这么做，立即火冒三丈，派人通知他的次女，要带着他的五十名卫士搬家。他的二女儿又怎么想? 父亲在姐姐那儿发生的事，她全知道。父亲搬过来可能发生什么样的事，她也能预料。与其无穷的忍耐、迁就、争执之后还是落个不孝的罪名，不如趁早有个担当。她对父亲说：当初您说过轮流住在两个女儿的家里，每一个地方一个月，现在时间还早，您在姐姐那里住满一个月再来吧。她又说：我们这里有人伺候您，您用不着卫队，只要自己过来就好。这样说，对老父未免太不客气了，既然姐姐做得出来，她也可以做。李尔王一听，气炸了。

有学者说，《李尔王》这出戏的主题是愤怒，李尔这个人从头到尾一直怒气冲天、怒不可遏。人在愤怒之中是没有智慧的。他宁可独自一人流落旷野，受风吹雨打雷轰电射，也不肯向女儿认错。他的小女儿，嫁给法兰西国王的那一个，一向没得到父亲的宠爱，现在却要证明她是多么孝顺。她说服丈夫兴兵对不列颠作战，为父亲收复失土。这是一出多幕大戏，由两个故事平行发展、交叉进行，所以称为“编”剧，据说是莎士比亚戏剧的特征，对后世影响深远。《李尔王》还有许多人物、许多情节，别问每个人都在做什么，这里只告诉你一句话：每个人都在为自己设想。

剧中人为什么能替自己设想呢？因为编剧的人能替他们每个人设想，如果散文表现人生的 180 度，戏剧可以表现人生的 360 度。编剧家为什么要替他们每个人设想呢？既然你把这个人物摆在舞台上，他就要有戏可演；既然有戏，他就要演得好。“演员演得满身是戏”，他要和剧中其他角色互动；“导演导得满台是戏”，舞台上没有闲人，没有懒人。再抄莎士比亚一句台词：“演戏的人不能保守秘密，他最后什么都告诉你。”你看了他的戏，就了解了这个人，就了解了那些和他同样处境的人，也就懂得了很多人情世故。

回应：明白了！

当年，台北，还没有洗衣机、微波炉的时候，家事烦琐，主妇都要请一个女工帮忙。滕娟娟一直纳闷：为什么女工总是和主人处不好？直到听过黄老师讲体验……

滕娟娟由黄老师的住处回到自己的家中，看见家中来了一个客人，女的，二十多岁，穿尼龙裙子，洋绸上衣。妈妈指着客人对她说："你可以专心预备功课了，阿珠来帮我们做事。"咦，原来是请来的女工呀，瞧她坐在那里大模大样的，倒像个客人哩。

这家里，除了滕先生、滕太太，还有三个孩子：娟娟最大，芳芳次之，这两个有了正式的名字，底下最小的一个叫小毛——听名字，就知道他还没有读小学，甚至还没有进幼儿园呢。

在小家庭里做三个孩子的母亲，辛苦、紧张都免不了。中午，邻居们若是从滕家门口经过，十有九回看见滕太太在走廊上晒衣服，或者在厨房里做一些对她极其重要、旁人看来却莫名其妙的事。“滕太太，没睡午觉？”邻居太太如果这样寒暄，听到的答复可能是：“自从小毛来了，就没法子好好地睡午觉了。”晚上，乘凉，如果邻居太太在八点左右提到电影，滕太太可能说：“自从有了芳芳，就不能看末场电影了。”听起来，这个家庭本来挺简单、挺安闲，自从有了三个孩子，做主妇才真正成了苦差。在这种情况下，当然想到过请女工来帮忙。

女工年年换，有一次，娟娟印象最深刻：那时，小毛还没出世，芳芳像小毛这么大。外婆病重，她们跟爸爸妈妈同去看外婆，家里交给女工。临走的时候，缸里满满的白米，篮里满满的鸡蛋，瓶里满满的花生油。一个星期以后，全家由外婆家回来，只见米吃光了，蛋也吃光了，十几只母鸡却都死了。原来在家里留守的“大臣”，整个一星期没有到屋后面去打开鸡棚的门，可怜那些无辜的小囚徒，都在里面饿死了。滕太太辞退了那个女工。以后的两个月里，妈妈常用感伤的声音自言自语：“她在吃蛋的时候为什么不记得生蛋的鸡呢？——她在吃蛋的时候为什么不记得生蛋的鸡呢？”

这位新来的女工怎么样？看模样，手指粗，脚板大，脸皮黑，像个能做活儿的人。她为什么坐在那里出神呢？

小毛拖着一根竹竿玩，玩腻了，丢在房门口。她为什么不肯去把那根竹竿拾起来呢？竹竿放在那里，是会把孩子们绊倒的。她为什么不到厨房里去看看？她该关心炉灶的式样和水龙头的位置。

“来，我带你看看厨房。”滕太太先提议。

滕太太在前，新来的女工居后。两人进了厨房，女工像发现了意外事件一般，高声说：“哟，太太！你们烧煤球呀。”

“我们一向烧煤球。”

“为什么不用气化炉呢？气化炉干净！方便！”女工如此评论。

滕太太一怔。照“观人于微”的原理，她对这位女工有点不放心。在滕太太的母亲那一代，主人非常注意佣工留给人的第一印象。冬天，室外落雪，室内生火，有人介绍新的男工来做活儿，主人会在火旁先与他谈谈。如果他只顾烤手取暖，他被录用的机会就很渺茫；如果他在该加柴的时候加柴，他被录用的可能性就很大。主人从他言行的细枝末节来断定他的勤惰。滕太太从她母亲口中曾经听到过很多这样的故事。如今，母亲已经被埋葬了，能供给那一类忠仆的社会，似乎也跟着死亡了。母亲的遗言，多半跟目前所处的时代不合。算了吧，只能希望女工大致不差就好。气化炉比煤球干净、方便，本来也是实在话，大概她在别人家中烧惯了气化炉。别对她挑剔啦，托了好几个人，才把她找来的呢。介绍人再三替这女工的能干和忠厚提过口头的保证。据说，她在别的主人家里都做得很长久。迁就些，尽量迁就些，做她现在的主人，不得不跟她以前的主人比赛呀。

这天下午，她帮滕太太做晚饭，一切很顺利。

大约顺利了一个星期，她向滕太太借支工钱。这位主妇很有经验，知道有许多不尽责任的下女，在借支了工钱以后，开始露出顽劣的习性来。可是，这一次，她希望是例外。做主人的，总要宽宏大量，以恕道待人。这样，即使用人的德行有缺点，也可以用感化的力量，使她自动改正。滕太太答应了女工的要求。

借到了全月工钱的女工，请了一天假，去办私事。晚上，回到家里，滕太太问："阿珠，吃过饭了没有？"

"吃过啦。"

"你把碗洗洗吧。"

这天是滕太太做饭。晚饭后，菜盘饭碗摆在厨房里，等阿珠回来洗。阿珠回来，脱下新衣服，换上旧衣服，弄得哗啦哗啦水响，乒乒乓乓碟子响。滕太太听了，放心不下，隔着窗子喊："阿珠，慢慢地洗！"回答她的，仍然是乒乒乓乓的碟子响。从这天起，每逢阿珠洗碟子，滕太太都心惊肉跳。每天开饭，总可以发现饭碗渐渐有了裂纹，碟子渐渐有了缺口。滕太太看了心疼，嘴里只能轻描淡写。做主人的，总要宽宏大量……

烧煤球，可贵处是整天不断火。不过，什么时候开炉门，什么时候关炉门，用火的人要心里有数，炉门操纵得宜，一天恰好把两个煤球烧完，一点也不糟蹋。做女工的人，有许多共同之处，其中之一是忘记关炉门，一如她忘记关电灯，忘记盖油瓶塞子。如果主人跟在后面替她关，她自己从此永远不会动手去关，她会认为这项工作已被主人收回。这天晚上，阿珠洗过碗碟，烧上煤球，没忘记把水壶坐在炉子上，却忘了把炉门关好。夜里，炉火熊熊，把壶里的水烧干了，把壶底也烧得熔化了。第二天早晨，阿珠把无底水壶提起来，看了一看，随手丢在地上，喊道："太太，拿钱，买壶！"滕太太没有说什么，做主人总要宽宏大量……

碰破了碗碟以后的阿珠，烧熔了水壶以后的阿珠，做事常常差三落四，该做的事情还没有做完，就到前面走廊上坐着逗小毛玩。小毛倒是很喜欢她。这孩子刚刚学会满地乱跑，头重脚轻，没人照看也是不行。“阿珠，你去看小毛吧。”“阿珠，你去喂小毛吃面吧。”滕太太看见阿珠做事做得不称心，宁愿自己和她换班。如果阿珠能把孩子照管好，也是对这个家庭的一大贡献。可是，阿珠奉命离开厨房以后，就领着小毛不知到什么地方去了，也许是找邻居的女工谈天，也许是到街角小店访问老板娘。这又不合滕太太的本意。

照管小毛吃东西，本来是滕太太的事，后来移交给了阿珠。阿珠端起碗来，把小毛拉到墙角去，教小毛背靠着墙站好。她自己搬一把椅子，坐在小毛面前，背向着滕太太。阿珠和小毛，两张嘴中间一只碗，阿珠一面往小毛嘴里送东西，一面往自己嘴里送东西，碗里面可口的东西，像猪肝啦、鹌鹑蛋啦，都送到自己嘴里去了。滕太太看见，不由得皱紧了眉头。

下面的事情迟早要发生：

阿珠请过事假以后的一个星期，又请了一次病假。头一天晚上，她还出去看戏，第二天早上，快九点了还不见起身。滕太太说：“娟娟，你去喊她。”

娟娟去敲门，喊她起来做早点。

“不早啦！九点多，还做早点？”她在里面反问。

“你为什么不早点起床呢？是不是生病？”

“对啦！我生病，今天请病假。”

娟娟报告母亲。滕太太提着菜篮，走到阿珠卧房的窗口问道：“阿珠，你哪里不舒服？要去看医生吗？”

“不要啦，让我休息就好。”

“我去买菜，替你带点什么药回来？”

“不要啦。”

滕太太由菜场回来，满头大汗。阿珠房内的嬉笑声，不断传到她的耳中。她很惊讶地问娟娟：“阿珠怎么啦？”

“她有客人来啦。”

客人的嗓子比阿珠更尖，两人嘻嘻哈哈笑成一团。原来阿珠没有病，没病比有病好！既然没有病，应该能做饭，为什么等到十点多，还不见出来洗菜呢？

阿珠到前厅来倒茶给自己的客人喝，毫无病容。滕太太趁机叮嘱她：“阿珠，洗菜吧。留你的客人吃饭。”

“洗菜？我不是请病假了吗？”阿珠很意外。

“你没有病啊！”滕太太也很意外。

“阿珠，你的精神很好，为什么说谎呢？”滕太太显然不高兴。

“你怎么骂人？你们上海人，都喜欢骂人。”阿珠显然更不高兴。

阿珠当场辞职，滕太太没有挽留。至于超支的工钱，阿珠没有退，滕太太也没有提起。做主人的，有时难免得宽宏大度。

目送阿珠提着小花包袱离去，滕太太叹了一口气，对娟娟说："咱们再也不要请女工了，自己动手做，争口气。你也该多学一点家事，省得将来受别人的气。"

娟娟口里应着，心里却在想：为什么请来请去，请不到一个负责任守本分的女工呢？晚上关好炉门，这是多么简单的事，她为什么不做呢？早上打开鸡棚的门，抓几把米撒过去，多么有乐趣，她为什么不做呢？

娟娟心里纳闷，耳朵里又塞进来妈妈交代的任务单：早晨起床，扫地，洗痰盂和烟灰缸，擦桌子，擦玻璃，往花盆里浇水，喂鸡。然后，烧开水，冲奶粉，喂小毛吃早点，给爸爸端早点。早点吃过，把肥皂粉放进洗衣盆里拌匀，把全家换洗的衣服浸在里面，等妈妈买菜回来，妈妈洗衣，娟娟洗菜。菜洗好后，娟娟退出厨房，妈妈走进厨房。除此之外，还有一项重要的工作，每餐饭后洗碗筷。娟娟接到这份任务单，心里很兴奋。她要帮妈妈争气，教人家看看，家里可以不要用人。

这些工作，做起来并不难，可是，做到暑假快完的时候，娟娟厌倦了。这些工作都是没有趣味的，都是不能显露人的心灵才智的，而这种单调的工作又是天天重复、永远重复下去的。它对工作者逐渐产生了催眠的效果，它使工作者不能兴致勃勃、全神贯注。如果一个人长年以此为业，他在工作里可能完全得不到乐趣。一个人，等别人饭后来收拾狼藉的杯盘，他会有什么乐趣呢？他最大的乐趣，恐怕就是摔破一个盘子！

娟娟巴望早些开学，好有一个正当的理由，摆脱家务琐事。不过，她每次勉强尽完了自己的义务，仍然可以感到一些快乐。她把烟灰缸洗得干干净净的，摆在爸爸手边，看爸爸把烟蒂丢在里面，心里觉得很舒服。她爱爸爸，乐意为爸爸服务。而母亲爱全家，可以永远为全家服务。花那一点钱雇来的女工可不成，她心里没有那份爱呵！没有“爱”做后盾，谁也不能支持下去！

作品示例一：咦呵西部

余光中教授有一篇《咦呵西部》，收在他的散文集《望乡的牧神》里。当年余氏到美国讲学，开车高速横贯地广人稀的西部大旷野，想起美国牛仔骑着快马奔驰，与洪荒争分秒，与印第安人争尺寸，十九世纪四十年代的西部和二十世纪六十年代的西部交错，体验深刻，想象力也丰富。

那是夏天，天气炎热，他的说法是“太阳打锣太阳擂鼓的七月”。太阳是圆形，锣鼓也是圆形；太阳阳刚，锣鼓的声音也阳刚——锣鼓有声，夏天也仿佛有声，李贺诗曰：“羲和敲日玻璃声。”七月，夏天到了，华北人形容夏季的大晴天为“响晴”。

说了天上，再说地上。美国西部的大草原一望无际。青草本来宁静，可是草原太大，青草太多，也就有了一番声势，犹如骚动的群众。在余氏的想象中，“草色呐喊连绵的鲜碧，从此地喊到落基山那边”。阳光充足，植物蓬勃生长，上下起伏呼应，余氏充分体验到了，这才是夏天。

当年美国有过一个开发西部的运动，东部来的白人、西部印第安人都骑在马上在旷野中奔驰，两方面不断争地、抢路、战斗。白人也用许多辆篷车组成车队，集体行动，遇上印第安人奇袭，就地用篷车布阵抵挡。现在高速公路横贯西部，余氏自己开车穿过，公路上数不尽各式各样的汽车。余氏把今日的汽车想象成当年的篷车，又把从前的马匹想象成今天的汽车，古今交错，体验当年开发西部的艰辛。他说：“我们朝西奔驰，踹着篷车的陈迹……滚滚的车轮追赶滚滚的日轮。”旅程虽然漫长寂寞，文章却写得十分热闹。

西部本是印第安人居住的地方，白人来了，巧取豪夺，印第安人只在某城留下了一些历史文物，某镇留下了一些血泪故事。诗人驾车西行，称为穿过传说。高速公路修得好，一切设计都有利于高速开车。诗人顿生豪情，把开车西行说成追赶太阳，五天行程简化为车轮和日轮之间的事，一连用了六个“滚”字。他甚至想象，“抖开浑圆浑圆的地平线，像马背的牧人”。

文章的题目是“咦呵西部”，“咦呵”是当年西部牛仔在马背上特殊的呼啸之声，别人在旷野中老远就可以听见。诗人这一声“咦呵”，把十九世纪四十年代的西部和二十世纪六十年代的西部融合了。他的眺望和印第安亚帕奇投射的标枪相应，高速行车时的地平线和牧人驰马抖动的绳圈相应。亚帕奇，印第安部落，骁勇善战。地平线圆形，绳圈也是圆形。西部牧人骑在马上可以抖动绳圈把地面上的人或牛制伏，不必下马。牧人一面驰马，一面抖动绳圈，圆随人移；今人驾车在大平原上奔驰，地平线也是如此。

当年进入西部的人骑马，文章特别指出白马。今天进入西部的人开汽车，文章特别指出白色的汽车。底特律城是美国的汽车工业中心，道奇是车的商标，不说底特律制造的汽车，而说底特律“种”的白马——一个“种”字把机械变为生物，用想象力在当年的西部和今天的西部之间为读者催眠。

高速公路，速度究竟多高？通常每小时的速度是 60 英里（约 97 公里）。“一过密苏里河”，离城市远了，人口少了，国道的设计规格又比较高，这时候开车才真正能够高速。这时，余氏以他的想象力把开车形容为豹群“撒野”，写出在蛮荒中探险的趣味。长途开车极沉闷，有一个词语叫“公路催眠”，路面万里不变，致命的单调，你的眼睛又不许往别处看，简直是一种刑罚。可是，现在你看《咦呵西部》！想象力加进来，豹子、犀牛都出现了，兽群“扑食公路”。超车时车子开得更快，写速度，不看码表看窗外，不写车写大地。草原由静变动，由平面变立体，从驾驶人的视角看速度造成的反常变化，充满新奇。“拧开通风的三角窗，风就尖啸着灌进窗来，呵得你两腋翼然”，“翼然”两个字唤起了读者的想象，以为开车的人是在飞行。

西行的最高点是入山。未写入山，先写出城。丹佛城靠近山脚，本是煤矿小镇，因西部开发而繁荣扩大。丹佛城代表开发，落基山代表未开发。人要开路，山挡不住，丹佛一马当先，犹如中国传说中的五丁。水牛比尔是印第安英雄，抵抗白人侵入，战绩辉煌，但狂澜难挽。比尔埋骨丹佛，代表印第安衰亡。红土驿道铺上柏油，代表开发成功。汽车疾驰而过，代表文明胜利。

余氏不坐飞机，亲自开车，步步身历其境，以这一代中国人的豪情，神会那一代美国人的豪情。

写入山，文笔简洁中见路险。公路到了山上，仿佛羊肠小道，汽车上山是“蛇行”。汽车上山以后，车和车距离近了，速度慢了，形成一条长长的蜈蚣。蛇，蜈蚣，西部干旱的土地上常见的毒虫，顺手拉来做比喻，显得汽车也没那么了不起。他说，汽车的方向盘也是一种轮盘。早期西部赌场很多，轮盘赌是主要项目，现在开车上山也是赌博，每转一个弯儿就赌一次吉凶。早期西部常有印第安人袭击白人的车队，现在常有汽车失事，都很恐怖。他把公路下面的峭壁深谷想象成阴间，印第安当年战死的黑酋长在那里等着——黑酋长，黑暗中的酋长，或脸上涂了黑色花纹的酋长。他由山路之险体验当年开发西部的险象环生。

西行道上，落基山是地理的高峰。咦呵西部，这一段是文学的高峰。诗人以科学的清明、宗教的虔敬视落基大山为赫赫巨灵，装不进文明的牢笼。他吸收地壳变化说，活用创世记，化用杜甫诗，二百二十个字，字字炼金有术。此处不能细表，劝你细读原作。

下山又到平原，高潮已过——文章总是慢慢营造高潮，高潮之后，又快笔营造结束。我的解说也到此为止了。

作品示例二：求职记

一个叫小玲的学生，听了黄老师的话，在家里想“自己的”文章，发生了一些事情。

星期天，小玲在家里写作文。老师本来规定作文要随堂交卷，可是，“老师，我要写的事情很长，拿回家去写行不行？”老师点了一下头。

她要写的这件事，的确短不了，最少也得从十四岁那年开始。今年，她十七岁了。十四岁读初二，十七岁读高二，一年也没耽误，但是她年年维持学业都很勉强。十四岁那年，父亲得了一种病，躺在床上不能动，动一下，某些骨节就痛得要命。看医生、打针、吃药，都没有用。一直到现在，也治不好。

小玲的书桌就摆在爸爸床头边，她时时看见爸爸仰卧在床上，用他忧愁的脸对准天花板。矮小的房子里整年躺着一个病人，这病人又是一家之主，显得房子特别局促，除了病床、药灶、牛奶瓶，简直再容不下任何东西。里面容不下一个母亲，所以母亲到纺织厂上班去了；容不下四个弟弟妹妹，所以他们到邻家玩儿去了；容不下一点兴奋、一点欢乐，所以这些统统被挤出去了。这里只有一个病人和半个护士——在病床旁边做功课的长女。

虽然是长女，那时候不过才十四岁呢。虽然只有十四岁，她已经感觉到家庭责任的重压了。那个小房屋，似乎连她的课本、作业簿也容不下了。每次向学校交费的时候，她像叛逆似的良心不安。她认为，自己该做的事是把钱拿进来，不是把钱交出去。这就是说，她需要一个职业。每天上学放学，走在路上，真羡慕那些女车掌、女店员，唰，唰，唰，站在那里数钞票，数到月底，其中会有一小部分属于自己——有自己赚来的薪水，这才像做人！她天天经过一家百货店，都会惆怅地望向里面的柜台，那后面空荡荡的，可以再站几个人。“我几时才能站在那里？”一天做不到，一天她的人格就好像是残破的。

这家百货店规模不大，正因为不大，气派中庸，这个胆怯的女学生才会想：“这儿对我合适。”还有一个理由：她常常看见有个中年男人坐在里面，那人既不做店员的事，也不做会计的事，也不每天都在店里。倘若他在，照例坐在后面深处的一个角落里，注视着店中的一切，偶尔也低了头沉思。这个人必定是店老板了！他皮肤白，胖，两颊比头顶的体积大，坐在桌子后面，桌面以上露出双肩、两颊、头顶，像一座宝塔。这个人的模样顶和气，他坐在那里监督店员，不像监视她们，倒像照顾她们。在他店里有多好呀！

这天，小玲经过店门口，看见一张红纸招贴：“本店急征女店员，愿者入内面洽。”

小玲的心跳得有多厉害，是可想而知的了。她不顾一切走进去，朝那个店主鞠了一个躬。店主一时猜不透这是怎么回事。

“我来应征店员。”她小声说。

“你？你？”那人吃惊地打量她，“你还小呢！不到做事的年龄。”

“先生，我能和她们一样做事。我读的是商业职校。”小玲紧抓住她的希望。

“不行，我们要满十八岁的。”

“先生！我只要她们一半薪水就行。”这口吻几乎是哀求了。

“唔？”那人重新打量她，使她低下了头，“你家里有几个弟弟妹妹？”

“四个。”

“没有姊姊哥哥？”

“没有。”

“爸爸在哪里做事？”

“生病。”

简短的回答，声音微弱的回答，连她自己都几乎听不见。那人却听清楚了，于是显然有些感动地说：“你到十八岁的时候一定是个好店员。现在我很想用你，可是你这样小，顾客会认为你还是小孩子。他们看到你，觉得没有安全感，好像你说出来的话、拿出来的货都不可靠。你明白顾客这种心理吗？我现在不能用你。你到十八岁的时候再来吧，我会记得你。”

完全无可奈何。虽然不愿意点头，心里也得暗暗承认人家说得对。回到家里，她一口饭也吞不下，只好推说在学校里吃了。她只觉得自己身材小，嫌自己生得晚。从那时候起，她有了强烈的时间观念。每当父亲呻吟的时候，当母亲下班回家疲惫不堪的时候，当邻居的大女儿提着皮包上班的时候，她都会想到时间。时间啊，听说你是个老人，你太老，走得太慢。时间老人啊！你在哪里？我想跪下来求你，请你走快点。

正如黄老师说的，这念头深深渗入她的灵魂血肉。正如黄老师说的，这使她咸菜太淡、月色太凄凉。黄老师教她们找这样的材料写文章，小玲立刻想起求职的那一幕。那天，她跟店东谈话不到五分钟，由店中退出来，她和五分钟前好像换了一个人。花的幼苗，鸡的幼雏，一切未成熟、未完成的东西，都要引起她的伤感。

“小妹妹，到博物馆怎么走？”一个走路的太太这样问。

“我不小啦！”这是她唯一的回答，她恨人家认为她“小”。

这件事，说起来真的话长，作文簿写了七八页还没完。管它完不完，她不想写下去了，写累了，也写伤了心。星期天，母亲和弟弟妹妹都在家里，难得的团聚、常有的烦恼混合在一起。弟弟妹妹都还不知道忧郁，在那里唱着不入调的歌，挥舞着想象中的宝剑，或是抢夺一块饼干。看看这些真正的孩子，小玲相信自己长大了，已经十七岁了，再到百货店里去看看吧。

星期天，逛街的人很多，商店的生意比平时忙。那家最熟悉的百货店呢？找来找去看不见。怎么会？分明是在这条街上。想了又想，看了又看，结果吓了一跳：本来不很宽的铺面，全让门板封闭了，门板上还贴着法院的封条。两条长长的封条交叉在上面，就像整个卷子都答错了一样。即使她看见店铺中心摆了一具棺材，也不过如此吃惊。

呆了半晌，她到左边的家具店去问："先生，隔壁百货店搬到哪里去了？"

没人理她，大概是做生意的人避谈这晦气的事。

再到右边的文具店里问。被问的人指着一个男子的背影说："问他罢。"那人听到声音，回转身来，跟小玲的目光相遇。那人瘦了，黑了，不是晒黑的，好像是从身体里分泌出一种肮脏来，肥皂绝不能把它洗去。那人变了样子，小玲还认得他。

"先生。"小玲过去鞠了躬。

"呵，呵，你是……你是……对了，我们常见面的。你十八岁了吗？真的长高得多了！高得多了！"他也还记得小玲。

"你父亲的病好了没有？"

"没有。"

"下边有四个弟弟妹妹？"

"是。"

"你的职业呢？"

"没找到。"

谈话不知道怎样往下继续。那人说："到我家里坐一下吧。"

那人的家就在旁边一条小巷里。屋子里又乱又脏，一塌糊涂，没有看见家里有其他人。那人就站在这一堆垃圾中间说："你看，我破产了。知道什么是破产吗？我忘了，你读商职，课本里面一定有。你看，家里每一件东西都让债权人贴上了条子。你年纪小小的，有志气，有勇气，这样的孩子很难得。可是我不能再用你，我开给你的这张支票也不能兑现了。"

两个人都站着。小玲一句话也说不出来，直想哭。她是个小孩子，不知道如何去安慰一个大人。她希望有人同时来安慰他俩，然而，妄想。

那人望着小玲，猛吸香烟，呼呼地喘气。不等烟抽完，就把它丢在地板上，踩灭了，坐到桌旁去写一张条子。又站起来，举着字条说："关于破产的事，你都明白？那么，好，你拿这张条子，到负责清理的律师那里去登记，你也许可以分到几千块钱做学费。"

条子上面的字迹是：

兹借到五万元整，此据。

底下是签名盖章。

小玲不肯接字据，因为“你又不欠我们钱”。

那人说：“傻孩子，回去问你爸爸好了！”

“爸爸有借钱给你？”她疑惑。

“回去问你妈妈吧。”他又猛抽香烟。

小玲急忙回家把字条拿给父亲看，父亲嚷道：“哪有这回事！一定弄错了！”

字条传到母亲手里：“真奇怪！真奇怪！”

三个人轮流端详那张突如其来的借据，引得不懂事的小弟弟也高举着手要看。

“我明白了！”爸爸说，“破产的人，常常写些借据给亲友们，要他们冒充债权人参加分产，这是破产者隐匿财产的一个方法。那个我们不认识的商人，看到小玲，想起这个方法来。我猜他不是要我们帮他减少损失，他的意思大概是：让那些债权人每人少分一点钱，加在这个孩子身上吧。看起来这个人的心不坏，可是我们不能要，一文也不该要。”

“是的，我们得教孩子明白，这是不义之财。”母亲在明了实情以后说。

母亲带小玲去退还字据，却空跑一趟，没找到那个人。那人已离开了原来的住处。

字条又传到父亲手里的时候，他说：“我们把它撕了罢。”说着，忍着骨节痛，用力把字条撕成两半。

“你再撕。”父亲对母亲说，母亲照办了。

“也让小玲撕一下。”小玲也照着做了。

“我也要撕！我也要撕！”小弟弟以为这是一件好玩的事。终于，它变成满地的碎屑了。

“那个人以为我们会去登记分一点钱，他想不到我们要把借条还给他。”母亲轻轻地说。

“也好。就让他在事业失败以后，心里留着这一点点安慰。”这是父亲的意见。

夜晚，小玲睡得很迟，可是没能在作文簿上多写一个字。

我的实践一：纽约地铁的滋味

有一个人，来到纽约，打电话给他的老同学：“我想学习如何在纽约生活。”只听得电话线的那一头说：“别担心，你已来到世界上最容易生活的地方。”

老同学马上教他做两件事：一件是如何进麦当劳点汉堡；一件是如何坐地铁。“前一件事保证你饿不死，后一件事保证你困不死。一个人吃得饱又能自由行动，纽约自有你一片天地，咱们一块儿上！”

这位老兄把麦当劳和地铁相提并论，颇有见地。麦当劳号称“快餐”；地铁可以称为“速行”，也就是中国台湾说的捷运，日本说的快速交通系统。汽车在市内行驶，每小时只能有30—40公里，地铁的速度可以达到每小时约89公里。它为什么能那么快呢？因为它在地下有专用的车道，没有十字路口，没有红绿灯。

可以想象，这是多么大的工程。难以想象，倾国倾城修地铁——并不是修王室的御道，也不是修哪一部分人的秘道，而是为大众辟奋斗之路。地铁的造价那么高，票价却那么便宜，我写这篇文章的时候，单程票一张三元。如果你买月票，不限乘坐的次数，出出进进平均计算，每次车费大概一元五角。一元五角是多少钱呢？麦当劳的咖啡，老侨称为“拿铁”的，每杯二元四角。不到一杯咖啡的价钱，你可以坐上去奔驰五十、一百公里，这样你才可以东西南北深入人力市场，披荆斩棘。

奋斗，明白吧，奋斗不是安步当车，不是知足常乐，不是孔融让梨。奋斗需要学习，从学习坐地铁开始。快车进站只停两分钟，车门由打开到关上只有一分钟，你当然不能推挤，你也不用礼让，上下班高峰时段，地铁站月台上没有老弱。你需要敏捷，这种在推挤和礼让之外的敏捷是一门功课。当心孩子上了车，车门把你和孩子阻断。当心你身体进了车厢，随身包被车门夹住。休要怪站务人员说话粗暴，他怕一句话还没说完，列车就开走了。他也是在奋斗。

纽约地铁每天有五百多万人次乘坐，也就是五百多万身家性命投入。地铁牵动的这条线上，没人没精打采，没人三心二意，没人犹豫不决。这是奋斗的地方。车站旁总有一点臊臭的空气，车厢里总有些狗偷鼠窃，入口出口的地方总有乞丐酒徒游民精神病患者。钢铁冷漠，车身明亮无色，不顾一切冲出去。隧道漫漫，终有尽头，不只是麦当劳在那一头等着你，头上还有青天。不可能称心如意，不可能完美无缺，关关难过关关过，船到桥头自然直，这就是奋斗，这就是地铁。

地铁不眠不休，入口永不关闭。来吧，它等着你开始你的纽约生活。

我的实践二：谈失恋

恋爱的人爱唱歌，爱换衬衣，爱笑，爱沉思，敏感，紧张。一旦所爱的人负心，他的精神立刻改向相反的方向变化：本来是膨胀，现在是萎缩；本来是兴奋，现在是沮丧；本来是敏感，现在是麻木；本来如醉，现在如死；本来是乘法，现在是开方；本来是加法，现在是减法……减到原有的数目时并不停止，还要继续往下减，这是人间的一种恐怖。

诗人说失恋是“城市陷落的感觉”。马里兰州一个失恋的青年，身上绑着炸弹，闯进电视台，警告大众世界就要毁灭！人间万事，报纸不能一一记载。我知道有一个男人，用极高明的技巧和极大的耐心去追求一个女孩子。他的职业和仪表也颇有让时下女孩子动心的地方。然而，等到他把猎获物置于俎上，就收回了一贯的温柔和殷勤，对她凌辱，对她嘲笑，最后弃之不顾，重新寻找猎逐的目标。他何苦要这样做呢？理由是，他曾经失恋，现在要制造别人的痛苦。“制造别人的痛苦”，有时候可以用合法的方式完成，《金色夜叉》的男主角在失恋以后替放贷的人收账，天天去逼债务人，逼得他们走投无路，成为一个最优秀、最有效率的收账员。

不论虐人、自虐，还是兼而有之，都证明失恋能产生一股很大的力量。这大概由于热情的宣泄口被堵住了，必须另外改道。“改道”是大智慧、大学问。杀人害人，报复泄愤，当局者纵有千般理由，为感情凿一个新出口的工作也是失败了。失恋的人往往只感觉那满胸的郁积是负担，往往不能觉察那也是他的资产，能产生惊人的动力，使他在学问上、事业上、写作上大有建树。

说来也算是社会的进步，到了今天，失恋的人很多，把炸弹绑在身上的人少了，他们不到电视台去示威，他们进“失恋理发馆”去把头发剃掉。中国人有个说法，理发可以改运，头发重新生出来，一元复始。成都就有这么一家理发店，专为失恋的人理发，不收费用，店里挂满了跟失恋有关的标语，例如“吃不到的醋最酸”。这家理发店的老板何以有此品位？莫非他也是失恋中人？消息传出来，都说给中国人塑造了很好的形象。

外面有一个运动，失恋的人在情人节这天通过做好事来“复仇”——口号是复仇，行为却是把情人从前送的东西捐给慈善机构义卖。人家送你的礼物，你以极低的价格卖给穷人，这是对送礼的人表示藐视。旧物出清，房间空出来，心也空出来了。还有人请动物园帮他“复仇”：动物园养了很多蟑螂做鸟和爬虫的饲料，他去认领一只蟑螂，就有权力给这只蟑螂取名字，失恋的人可以把恋人的名字给这只蟑螂，亲眼看它被鸟被蛇吃掉。如果住得远，这件事可以通信办理，你可以坐在家里从线上看“复仇”。最后，动物园还给你一张证明书！

现在还有人拿阿Q说事儿吗？可能没有了，这一代人已从上一代设计的“意缔牢结”（情结）中蜕出，有了新的人生观。王家卫导演的《重庆森林》有个说法，失恋后留下的情感是过期的罐头，五月一号到期的凤梨罐头，吃到四月三十日晚上为止，第二天就不吃了。还有一个名词“爱情垃圾桶”，成百上千的人引用，失掉了源头。失恋以后，爱情变成垃圾了，你如果还把它藏在心里，你这个人就变成了垃圾桶，当然要马上倒掉！

理发，买蟑螂，无非是一个招式，表示“倒空”。不管改道还是倒空，都是成长的一个过程。成长并不停止，成败也没有论定，后面还有无数下文。有人认为，失恋是站在悬崖上，只有跳下去。有人却对失恋的人说，已经跌到了谷底，不论再往哪个方向走，都是向上。

创作活动之四

选择

解说：两封信

用观察、想象、体验等方法，把生活经验转化成文章材料以后，就要下手选择与组合，把它写成文章。关于选择到组合这条路，他们师生之间是在假期中通信讨论的。

第一封信

你来信说，要利用漫长的假期练习作文，我十分高兴。你的观察力大有进步，想象的能力也不缺乏，从日常生活中得到了不少材料，正可利用假期把这些材料写成文章。

你说："简直无从下手……材料很零碎，写出来不成文章。"这是不会的。你遭遇的问题，属于选择、组合方面的技巧问题。

先说选择。你在来信中告诉我，常常要照顾小弟，看他玩积木。积木，我们小时候都玩过，是一种启发智力的游戏，也可以稍稍满足儿童的创造欲。你看，他从一堆碎木块中选择他所需要的，来拼成一座房子或五层宝塔。那些积木的形状多奇怪，每一块都有好几种用处。你看，他拿起一个木块来试，看这一块能不能做屋顶，看这一块的缺口能不能与另一块突出的地方嵌接，倘若不能，另取一块来试——这就是选择。找到合用的东西，把心中的图样拼出来——这就是组合。你再去看小弟怎样玩积木，从他的游戏中体会一下选择、组合的道理。

你的心里已经有了许多材料，一些零星的感触，片段的幻想，人世间的一些小镜头，这不啻是你的一盒积木。打开这盒积木，里面全是碎块，因为你还没有组合。你现在可以试试。你先仔细检查一下，看你的盒子里究竟有多少木块，也就是说，看你的心灵中究竟储藏了多少材料。你可以把这些木块摊开，也就是说，把你的材料在纸上列一张清单。面对这张清单，你再考虑哪些可以合并。为了方便，我假设你有这样一张清单：

一、河水很脏，游泳的人在岸上晒干身体以后，皮肤上有一层泥土。

二、蝴蝶，看起来很容易捉到，其实怎么也捉不到。

三、小鸭所遭遇到的难题是：午睡时，不知道把脖子放在什么地方。

四、池水快干涸了，里面有一条鱼，到处找藏身的地方。

五、砍草的镰刀碰在石块上，迸出火花。

六、由山下面看，山顶上的树一动也不动，爬到山上，才发现树叶都随风飘摇。

七、坐在喷射机上往西飞，看晚霞，一定能多欣赏一会儿。

八、玉山在积雪的时候，可真成了“玉”山。

九、家里如果装空调会很凉快，可是等你走出门去，外面的热气迎面扑来，又太不好受，还不如不装空调。

十、天上为什么有云？

这张清单上的材料，虽然出于我的假想，大概离你的生活经验也不远。你所能有的材料，当然不止十项，不过项目太多了又不便说明。假定这张清单就是我们的一盒积木，我们对它怎样选择？这个问题，可以从下面的角度去解决：

作者先问自己："我要写一篇什么样的文章？"假使他想写一篇《夏天的苦恼》，那么清单上的第一项（河水脏）、第三项（小鸭的难题）、第四项（涸池游鱼）、第五项（火花）、第九项（空调的利弊）都可入选。这几项材料，都是夏天的种种令人苦闷的景象。第八项（玉山积雪）对他也可能有用处，他可以在《夏天的苦恼》中想象冬天玉山的雪景，来使"肌肤生凉"，不过这一项只是对主题的反衬，不十分重要。

如果这位作者不想写一篇《夏天的苦恼》，而是想写一篇《夏天的快乐》，怎么办呢？如果他抱着这样的目的，那这样的清单对他就大不适用了。也许他仍然可以选择第四项（涸池游鱼），如果他能从捉鱼中得到快乐的话；也许他会选择第七项（坐飞机看晚霞），如果他认为夏季的晚霞特别美丽；如果第七项能入选，第十项（天上为什么有云）连带也可以入选。单凭这几条材料，文章的内容似乎还不够充实。这张清单对他不够用，他得另外开一张清单，"找材料"。他可以去找碧潭的船、乌来的瀑布、福隆的海滨浴场、圆山的纳凉晚会、白熊的冰淇淋，等等。他也可以找芭蕉的叶子、蝉的鸣声、凤凰木的树顶，等等。

假定这位作者，由于体质（例如他很胖），或者工作（例如他要体力劳动），或者性情（例如他很忧郁），只感觉到夏天的苦恼，没有感觉到夏天的快乐，那又怎么办呢？这时，他可以去写“别人”在夏天的快乐。倘若他没有心思去描写“别人”的快乐呢？那么，我们可以断定，“夏天的快乐”这个题目对他不适合，他不必“选择”这个题目。

第二封信

自从我提出“积木”的譬喻以后，你寄来好几篇文章，都是你在选择、组合方面的实验品。我的印象是，你写得很用心。最近一篇写台北的马路，尤其一丝不苟。

在这篇文章里面，你选择的材料都很精当。你说，一阵雨过，柏油路快车道上的水分，先被车轮蘸干了。你说，晚间，天雨，潮湿的柏油路反光，把霓虹灯的影子映在路面上，五色缤纷，非常好看。你说，白天，马路上永远有汽车喇叭声，一声连一声，一辆接一辆，叫嚎而过，像一些杀不完的猪。你说，虽然马路两旁有许多大厦，太阳还是把柏油路晒软了，无论多高的楼也遮不没太阳。你说，有一天，马路底下的水管忽然喷出水来，水珠四射，行人都狼狈地躲开。

我得指出，你在观察、想象方面颇有才气，你所选的这些“基料”，够得上“好”的水准。可是，你把这些“单象”排列起来以后，我总觉得不能算一篇好文章。跟人家那些好文章比，你的文章里面总像缺了一点什么。到底缺少一点什么东西呢？我想了又想，决定这么说：是生命啊！你的文章，没有生命。那么，什么又是文章的生命呢？

我说选择、组合像玩积木，只是一种譬喻，凡是譬喻，都有它的限度。“云想衣裳花想容”，云到底不是衣裳；“问君能有几多愁，恰似一江春水向东流”，长江发源于唐古拉山脉，“愁”又不然。我们用譬喻，只是取两者相近的某一点而已。选择、组合有点像玩积木，却不完全是玩积木。其间最大的分别是：积木是死的，文章是活的；积木出于拼凑，文章则是有机的组织；积木没有生命，文章应该有生命。

文章的生命从哪里来？这个问题，答案不止一个，我替你选一个：文章的生命，来自作者的思想感情。我曾经对你说过：写文章是“骨鲠在喉，不吐不快”。当文章还在你心里的时候，它使你觉得菜味太淡、床板太硬、花香太讨厌、月色太凄凉。它使你热血沸腾或搔首踟蹰，使你闻鸡起舞或辗转反侧。由于这种种原因，你非把心中的“文章”移到纸上来不可，那股驱使你非写不可的力量，就是文章生命的源泉。倘若一个人的文章并不这样产生，文章里面没有思想感情，文章的生命就大成问题。没有感情的文章，是干枯的、散漫的、机械的、死的。

你的这篇《台北的马路》固然是用心写的，正因为太用心了，不免“有心栽花”，多了人工，少了自然。凡是为了符合某一种“方法”而写成的文章，往往有这个缺点。在我们学习写作时，这个缺点有时难以避免。我们要知道这是缺点，并且要知道这个阶段可以越过。

现在回过头来，看你写的《台北的马路》。你的这篇文章，在字面之外，没有一种活的、有血肉的东西，没有一种吸人的、炙人的或摇撼读者心灵的力量。诗人因为尝够了道路辛苦而写“鸡声茅店月”，词人为了抒发前途茫茫的悲凉而写“枯藤老树昏鸦”，他们下笔有情感上的原因。你呢，你为什么写《台北的马路》？你只能说：“为了遵照选择、组合的方法，我才写这篇文章。”我在讲了一连串的作文方法之后不得不向你提出忠告，方法为文章而存在，文章不为方法而存在。

所谓方法，是提供一些有效的手段，供作者表达心中的思想情感。思想情感是灵魂，方法使这灵魂有一个形体。

思想情感是音乐，方法是吹奏。思想情感是手，方法是手套。在写一篇文章的时候，我们不能不考虑用什么样的方法，但是，更不能不考虑我们之所以要写这篇文章的目的。

你写《台北的马路》的时候，可能非常讨厌台北的马路：嘈杂、拥挤、不清洁，使人易患神经衰弱和肠炎，尤其要命的是车祸的威胁。每次横过马路或在马路上走，你总觉得这地方不方便、不公道。你正住在马路旁边，烦透了，于是决定写一篇散文。在烦恼之情的驱策下，你开始考虑文章材料的选择与组合，希望能把自己对台北的马路的印象、感觉输送给读者。

或者，你对台北的马路不但不讨厌，还非常喜欢。你爱看分开快车道和慢车道的黄线白线，爱长长的棕榈树，爱看风驰而过的香车美人，爱雨后路面上浮着的霓虹灯影。有一天，路面下的水管忽然喷水，势不可当，行人狼狈四散，你觉得这马路真“顽皮”。在喜悦之情的驱使下，你想写一篇散文，于是动手去选择、组合。

或者，你想起台北的马路时既不厌烦，也不喜悦，而是有一点感伤。你在台北的马路边上度过了你的童年，星月云霞，阴晴风雨，记忆不真；人流车阵，工厂商店，如梦如幻。马路所给你的是旧地重游、今非昔比的惆怅，是一阵淡淡的哀愁。对你而言，这条马路既不是蛮不讲理的现代文明，也不是陶情冶性的风景，而是孩子们玩旧了的木偶。好，你可以下手选择、组合。

一般说来，我们是为组合而选择。开学以后，我们接着要谈的就是组合。组合比选择更重要，但是，如果选择没有做好，组合也会失败。

补充解说：安徒生和亚米契斯的选择

你看安徒生写的那个卖火柴的女孩，她其实是个小乞丐。有些国家规定不准行乞，穷人也有自尊心，乞丐拿着一些小东西以沿街兜售的方式求人施舍，所以那个小女孩要在雨雪交加的夜晚出来卖火柴，行人可以给她一点钱，不要她的火柴。在安徒生笔下，这个小女孩始终没有出声哀告，她始终只是卖火柴，直到冻饿而死。时间是圣诞午夜（有钱的人通宵享乐的时候），地点在餐厅窗下（满屋子好饭好菜热气蒸腾的地方），这都是安徒生的选择。

在西方国家，圣诞节是个行善的日子。富人即使吝啬，也可能在这一天炫耀一下自己的慈悲。那一夜，总该有家面包店给她一块面包，总该有位太太给她一枚零钱，最后，餐厅也不会任她在自家店门口冻死，总该给她一杯热咖啡，或者打个电话给警察局。可是，安徒生都没写，他不需要这些材料，这是他的选择。

掀过这一页，再看另外一个小女孩，我们姑且把她叫穷人的小女孩。闲来无事，她家门外忽然滚进来一个大皮球，跟在皮球后面进来一只狗。这一狗一球一女孩马上玩在一起。女孩喜欢那只狗，狗也不想离开那个女孩。这是谁家的宠物？怎么会跑到这里来？也没人多想。

第二天，打开报纸，有人登报寻找失踪的爱犬。看照片，正是这只狗。妈妈对女儿说：狗的主人找狗了，我们把狗还给人家吧！女孩抱着球，带着狗，妈妈又带着女儿，一同出发了。她们找到了地址，发现那是一栋很大很值钱的房子，可以称为豪门。豪门的小女孩抱起狗，哭了，但马上破涕为笑。豪门的妈妈热情地招待客人。两个小女孩，加上一狗一球，玩在一起了。

然后，平民的妈妈说：我们该回家了。她的女儿听到这句话，还真有一点恋恋不舍。平民的小女孩回到家，回到空空的屋子里，想那只狗，哭了。妈妈怎么安慰也没有用。想不到那只狗突然出现了，它也想这个女孩，后面紧跟着豪门的小主人。刹那间，各人放下了自己的心事，又玩在一起了。后面还有许多情节。在这个故事里，贫富之间完全是另一种关系。最后，富妈妈拿出一笔钱存在银行里，给穷孩子做读大学的学费。这也是作者的选择。

意大利作家亚米契斯为青少年写了一本书，夏丏尊先生译成中文，书名是《爱的教育》。当年千万人读过，我也深受影响。今天谈选择，想起书中有一个故事：“少年侦探”。当年意大利跟奥地利作战，意大利派出一小队骑兵到最前线侦察敌情。他们是大军行动的触角，任务既危险又重要。他们穿过树林，来到一个农家门前，想找一个人爬到树上，看看野外有没有敌人。

这里是战地，居民都逃走了，只见一个十二岁的少年，一个孤儿，举起帽子向骑兵行礼。这个少年接受了祖国骑兵给他的任务，走近一棵大树，“像猫一样地上去了”。在他传送情报的时候，敌军发现了他，对他开枪射击。只见他“忽然下来了，还以为他正在靠住树干，不料张开了手，石块似的落在地上”。

下面进入故事的高潮。士官痛惜不已，把少年爬树之前脱下来的上衣铺在草地上，让少年的遗体躺在上面，把居民逃走前插在窗口的国旗取下来盖在少年身上。少年英勇战死的消息，马上在后面的大军里传遍了。大军经过少年的身旁，将校持剑行注目礼；士兵到河边采摘野花撒在少年身上，把他埋在花堆里；有一个高级军官太激动了，把挂在自己胸前的勋章取下来投了过去；还有一个军官走过去，跪下来，吻少年的前额。

好了，故事就说到这里，话题回到这位意大利作家的选择。荒郊野外，战时敌前，一切条件都很缺乏，他还是尽可能使用了注目礼、国旗、鲜花、勋章，还有吻别，给这个为国牺牲的少年一个隆重的、盛大的葬礼。有人也曾疑惑，敌前行军，速度十分重要，这些官兵哪有时间去采集那么多野花？高级军官无论多么激动，怎可把国家授予他的勋章转送给另一个人？再说，军队进入战场之前，高级军官照例要把符号、勋章都取下来，让敌人不能识别，这位军官何以例外？

这就得说几句题外之言。在“少年侦探”这个故事最后的高潮，作家用了浪漫主义的手法，他需要鲜花就有鲜花，他需要勋章就有勋章，他能使读者升起汹涌澎湃的感情，放弃平时严谨的思考。有时候，如果你的老师不反对，你也可以偶尔这样写；如果你的老师反对，你就得收起这个手法；等你升了年级，换了老师，他不反对了，你再拿出来使用。作文，你得听老师的。如果老师无所谓，你就听我的。

回应：含蓄

有一位老师得了眼病，治来治去治不好，黄老师带了几个学生去探望他。由他家里出来以后，一个学生问黄老师——

“老师，他的眼睛会不会瞎？”

黄老师皱了一下眉头，回答：“‘瞎’这个字不要随便用，因为这个字不好听。”

闲谈中，黄老师又说：“在我们说话和作文的时候，大家都有一种习惯，遇见不好听的字，不要赤裸裸地说出来，最好转一个弯、抹一个角。假使对面走过来一个人，他手里拿着一根竹竿探路，你不要说：‘看，那是一个瞎子。’你不如说：‘那个人看不见路。’或者说：‘那个人眼睛不好，眼睛很不好。’”

黄老师想起来一个例子，就问他们：“记得不记得，我们有一次在冰店里喝汽水，冰店后面有一扇玻璃门，门上写了三个字，我们曾经讨论过那三个字。谁还记得那三个字是什么？”学生说：“那三个字是‘化妆室’。”黄老师问："化妆室是做什么的呢？"回答："化妆室就是厕所。"黄老师说："不错。舞台后面的化妆室是专门为了化妆用的；饮食店里的化妆室，虽然也可以照照镜子、理理头发，可是它另有一项主要的功用。为什么不把那个主要的功用写在门上呢？因为那个字眼不好看，尤其是在饮食店里面，那样不清洁的字眼会倒了顾客的胃口。"

黄老师问："除了我们举的例子之外，还有哪些字眼是不好听的？"一个学生说："穷！"黄老师说："是的，一个有教养的人，将尽量避免说'张三是一个穷学生'。他会挑一个说法，说'张三是一个清寒的学生'，或者说'张三是一个很刻苦的学生'。还有哪些字眼是不好听的？"一个学生说："在我家里，妈妈不准说'死'，否则便要骂我们。"

黄老师说："的确不错，我们在日常谈话中，总是有意地避免这个字。有时候你听见人家说'死人'，那是他在骂人，不是在说话。这个'死'字，谁也不愿意听见，谁也不愿意看见。到了非听非看不可的时候，人们就想出很多字眼来代替它。在语文教科书里，我们学到过很多字，都跟'死'字有同样的意义，而字面上又比较好看，这些字你们还记得吗？"

他们想了半天，想出几个来：

大去 逝世 一病不起 撒手西归 上天堂

黄老师提醒他们："你们在读书的时候应该有一种能力，拿这一课和那一课比较，拿这一句和那一句比较。就拿'死亡'来说，它有各种各样的说法，我们平时应该留意，把一个字不同的用法，把一个意义不同的表现法，都记在心里。"

谈到这里，有一个学生问："说话干吗要绕那么多弯子呢？心里有什么话，直截了当地说出来不就完了吗？"

黄老师说："是的，在你们这个年龄，表达意思的方式都非常直接。你们喜欢说：'那个人好帅啊！''那朵花好好看啊！''那个同学的功课好棒啊！'这样的话干净明快，可是有时候缺少含蓄。在作文的时候，含蓄非常重要，不能不讲求。什么是含蓄？含蓄就是把'那是一个瞎子'说成'那是一个眼睛看不见的人'，把'那是一个穷学生'说成'那是一个清寒的学生'，把'某人死了'说成'某人离开了这个世界'。"

"在作文的时候，不但遇到不好听的字眼要设法含蓄，一般叙事、抒情用得着含蓄的地方也很多。你下笔要写出来的事情，往往不会有什么惊人的秘密，而只是一些人所共知、人所共见的事情。你如果用很直率、很平板的话把它说出来，就不会有什么回味。而‘回味’是文章里面不可缺少的魅力。”

回到学校，黄老师取来学生的作文簿，检查其中的文章。他对身旁的学生说：“有一次作文，我出题目要你们‘自述’。我当时叮嘱你们不要说假话，要忠实地为自己画像，要把自己心目中的‘我’描述出来。你们都照着这话做了，可是，我忘了告诉你们那个‘含蓄’的原则。你们的文章，在说到自己的时候，在提及父母尊长的时候，有些话太直白，显出没有教养的样子。这是应该努力改正的地方。”

他打开其中一本，并且朝它的作者看了一眼。那是一个很伶俐的女孩，但皮肤很黑。她大概自己知道这个缺点，就在《自述》里面写了一句“奇丑无比”。黄老师对她说：“‘丑’字不好听，尤其用在一个女孩子身上。无论对人对自己，都应该避免使用这个字，更不宜用‘奇丑无比’这种最高级别的形容词。”

他问大家：“有没有办法换一个说法？”

“其貌不扬。”一个答案。

黄老师说，他觉得这四个字还是太严重。

“就说她不算漂亮，行不行？”另一个答案。

“就说她不能竞选‘中华小姐’好啦！”这个答案引起一片笑声。

笑语声中，黄老师打开另外几本作文说：“你们很聪明，都够资格替老师批改作文。这里有几个句子，你们看，怎样改得含蓄些？”

黄老师把那些句子读出来，很快就得到他们的改正：

原句：“脾气坏到极点！”

改正：“没有耐性！”

原句：“有事不藏在肚子里！”

改正：“有事不藏在心里！”

原句：“死也不答应！”

改正：“要命也不答应！”

再改正：“无论如何也不答应！”

原句：“我的父亲又娶了一个太太。”

改正：“父亲又结婚了。”

再改正：“父亲又给我们迎来一位母亲。”

原句：“我是父亲的掌上明珠。”——这一句提出后，全场寂然无声。

一个学生困惑地说：“掌上明珠？这话不难听呀！也要改吗？”

这四个字诚然不难听。正相反，它带着赞美的意味，道出了幸福圆满的伦理生活。可是，这四个字现在用在了《自述》里，换句话说，作者用这个成语赞美了她自己。这样，文章就带着夸耀的意味。夸耀同样犯了“不含蓄”的毛病。在习惯上，这四个字是拿来加在别人—— 一个可爱的女孩——头上的，说自己是父亲的掌珠，等于提到自己的家而说“府上”，提到自己的父亲而说“令尊”。

基于同样的理由，黄老师举起另一本作文来说：“这里有一个作者，自称有文学天才。我们希望她有，可是，我们不同意她这样的说法。”

“这样作文太难了！”学生一齐嚷。

黄老师解释，这样的确比较难，可是不得不如此。一个立志写文章的人，如果不学会“含蓄”的技巧，他年纪越长，能写敢写出来的话越少——除非是写假话。到那时候，写文章才是一件困难的事。他问：“像下面的歌曲，你们有勇气唱吗？我爱我的妹妹哟，妹妹不爱我。”

学生又嚷：“不要！难听死了！”

他笑一笑：“那么，换成另外两句——我本将心向明月，谁知明月照沟渠。”

作品示例一：瓷器上的唐诗

我小的时候，抗日战争爆发以前，一般“小资产阶级”家庭的客厅里，总会摆着康熙年间出窑的花瓶，瓶面上有花鸟或山水，不记得有诗。然后，八年全面抗战，四年内战，我流亡七千八百公里，没见过一件瓷器。文物最经不起动荡骚乱，字画还可以把轴框拆掉，缩小体积，求个苟全，瓷器只能正襟危坐，从容就义。由瓷器的大量毁灭，可以想见战争对中产阶级的破坏。

我在台湾，曾两次到台北“故宫博物院”专看瓷器，今日回想，还是想不起来哪一件上面写着唐诗。直到我搬家搬到纽约，遇见一位忠厚的商人来办瓷器展览，展出二十世纪九十年代大陆用新技术烧出来的仿古制作，才又看见瓷器，也看见瓷器上面的唐诗。

复制的中国瓷器仍然是中国瓷器，相形之下，西洋瓷油头粉面，日本瓷薄命。中国瓷器所选的唐诗全是名家作品，没有离人思妇伤春悲秋之词，让人家天天看见“感时花溅泪”总是不好，还是“风正一帆悬”妥当。由此一事，可见那时商家已能够体会消费者的心理。

诗是好诗，那一手字实在不行，写字的人根本没受过书法训练。那时的画家多半只学画画儿，不学写字，只是用毛笔画出字的线条，称为“画字”。这当然美中不足，“书画同源”不是这样解释。后来书法家张隆延教授开轩授徒，门下七十二贤过半是画家，这些人已经成名，还能虚心受教更上层楼，真不容易。

唐代的瓷器，工人在上面写字，无论写得怎么样，都是国宝，关键在“唐代”。到了现代，张大千的画配张大千的字，两者都大开大合，公孙大娘舞剑器；溥心畬的画配溥心畬的字，两者都飘然出尘，挥袖一片浮云。这是追求艺术品风格的完整性。如果张大师的画由溥大师题字呢，那当然值钱，也许更值钱，那讲求的是艺术品的稀有性，要大师遇上大师才行。

有一年，江西景德镇邀约书画家前往做客，在瓷器上作画题字，一时有很多人响应，可见国内的工业家能发现缺失，知过必改。听说那些应征前往的书画家废寝忘食，工作努力，自认为是一大乐事。乐什么？他们的作品借此流布于知音之家，即使装在船上沉到海底，千年以后也还有机会捞出来。此之谓施比受更为有福也。

画家天天作画，家里满屋子是画，一旦发生天灾人祸，所有的鸡蛋都在一个篮子里，岂有完卵？王羲之当年也是天天写字，后来连一幅真迹也找不到。想起于右老，只要“敬求墨宝”的红纸标签送到眼前，他可说有求必应。内行人估计，他在台湾留下大约两万幅字。这是他留下的两万份友谊、两万笔财富，来日水火兵虫，世事无常，也是给自己的书法留下的两万个流传后世的机会。

作品示例二：温故知新

我们把马致远的那首《天净沙》温习一遍：

枯藤老树昏鸦，小桥流水人家，古道西风瘦马。夕阳西下，断肠人在天涯。

他选择的这十个图片，人人都可以看见。选你看见的，并不需要珍禽异兽；选你嗅到的，并不需要奇花异卉；选你尝到的，并不需要山珍海味；选你听到的，并不需要阳春白雪。

《红楼梦》第五回，贾宝玉到秦可卿的房间里午睡，看见墙上挂着唐伯虎的《海棠春睡图》，两边有秦太虚写的“嫩寒锁梦因春冷，芳气笼人是酒香”。桌子上有武则天当年镜室中的宝镜，一边摆着赵飞燕立着舞过的金盘，盘内盛着安禄山掷过伤了太真乳的木瓜。再看那张床，上面设着寿昌公主于含章殿下卧的榻，悬的是同昌公主制的联珠帐。秦氏展开了西子浣过的纱衾，移了红娘抱过的鸳枕……这些玩意儿很稀罕，我们反而觉得这个房间太奇怪了。

朱自清先生的《匆匆》，选择了燕子、杨柳、桃花、太阳、水盆、饭碗、床、轻烟、微风、薄雾、游丝，布成年华易逝的八阵图，带我们进入其中，感受岁月无情。徐志摩先生游北戴河，选择了清风、落花、波光、蝉声、小舟、浴客、沙滩、幼童，加上远山、村姑、农夫、牧童，布置了一个忘我的世界，带我们一同放下尘俗的压力。他们的选择，都在我们的经验范围以内。你早已读过这两篇文章，他日重逢，从这个角度再读一遍。

说到选择，忘不了贾岛的“推敲”，究竟是僧“推”月下门，还是僧“敲”月下门？据说是韩愈替他选择了“敲”。贾岛的这首诗是五言律诗，一共八句，写的是月明之夜，他到人迹稀少的地方去拜访一位隐士，他选择的材料是荒草、水池、宿鸟、小桥、大石，当然还有僧敲月下门。整首诗写的是一个幽静的环境，一趟孤寂的行程。既然是这样，那还是“推”门比较好，“敲”字比较响亮。没错，这一点响亮，也破坏了整首诗的幽静孤寂。

说到选择，不由得想起来，庄子梦中为何化蝶呢，他自己在作品里创造了大鹏，为什么不化鹏呢？丁公修道成功，可以变化自如，他归来为何要化鹤呢，为什么不化成乌鸦化成麻雀呢？老子出关为何骑青牛呢，为何冒紫气呢，他为何不骑马呢？东坡为何要乘风呢，他为何不坐轿呢？流星蝴蝶的后面为何是剑呢，天涯明月的后面为何是刀呢，它们能不能互相调换呢？古人在这方面费的心思比我们多，你在阅读的时候慢慢玩味——“玩味”，像拿到好玩的东西仔细摩挲。如此这般，我们后面还要谈到。

从前的语文课本里有一首诗：“春游芳草地，夏赏绿荷池。秋饮黄花酒，冬赋白雪诗。”一年四季，每季选一件赏心乐事。有人想法不同，他注意的是春花、秋月、夏雨、冬雪，那是另一首诗。有人关心民生，他每季选农家的一件工作，春耕、夏耨、秋收、冬藏。“风乍起”，冯延巳选择了“吹皱一池春水”；若是夏天，扬起一阵灰尘；秋天，卷走一地落叶；冬天，揭起一层积雪。不同的选择，写出不同的文章。

算术课本里有一种题目叫“鸡兔同笼”，鸡有两条腿，兔有四条腿，由笼子里有多少腿算出有几只兔子几只鸡。

有一家课本不叫“鸡兔同笼”，叫“龟鹤同笼”，龟也有四条腿，鹤也有两条腿。还有一家课本不用动物，用银子，“隔壁听得人分银，不知道人数不知道银，只听得每人四两多四两，每人半斤少半斤”。就算术来看，都是一样的；我们现在谈作文，就觉得这种分歧很有趣，因为牵涉到选择。龟鹤比较古雅，编教科书的人应该穿着长袍马褂；鸡兔带着草根，编者可能曾跟贫下中农学习；不用动物用银子，应该是工商业社会的现象了。

选择，由为自己选择发展到为听众、为读者选择，源远流长。咱们各省都有自己的地方戏，我看过这么一出，正德皇帝化装成老百姓出京旅行，露脸先唱四句：“有为王，出京来，比官都大。思一思，想一想，俺是朝廷。进一步，退两步，不如不走。红萝卜，白萝卜，不是大葱。”他怎么这样选择？这个编剧不是为皇上选择，他是为台下的庄稼汉选择，让他们觉得既熟悉又陌生，既无理又有趣，哈哈一笑。说书的就位了，十分正经，十分严肃，他开口说的是：“天上冷嗦嗦，地下滚绣球。有馅是包子，没馅窝窝头。”他也是为听书的老大娘、老大爷选择，这几样东西怎么会在一起？出乎意料，立刻精神振作，注意力集中。流行的有个笑话，关于二郎庙的碑文：“二郎者，大郎之弟，三郎之兄，小郎之父，老郎之子也”！这位作者是为另一批人选择，能享受这样的幽默，恐怕得读过几篇《古文观止》了。

我的实践一：初见

我们天天都会遇到初次见面的人，耳目口鼻大同小异。初见的人是缘分最浅的人，可是恋人不同。据说，恋人是一双特定的人，两人体内有某种秘密装置，一旦相逢，就有强烈的感应，现代网络给了个说法叫“来电”。网络使语言简化，在只有纸笔的时代，作家有形形色色的描述。

纪伯伦说：那是一道光芒，把心的各个角落都照明了。那是在第一根心弦上发出的第一声心响。村上春树说：她身上有什么东西强烈地叩击着他的心，第一眼看到时他就觉得胸口闷得透不过气。还有人形容：一见到她，就如同被子弹击中。恋人初见有受到袭击的感觉，最早的说法就是丘比特的一箭。

看看那些名家怎样写初见吧。在屠格涅夫笔下，初见的经验是害臊，又很快乐，浑身充满了莫名其妙的幸福感。他写小伙子坐在墙头，看见一个女孩从墙边走过来，小伙子忘乎所以，咕咚一声跳下来，落在女孩面前，甜蜜的痛苦充满全身。我这个旁观者吓了一跳，不知小姑娘吓着了没有。她的反应如何？落荒而逃，还是停下来问受伤了没有？老屠居然没有交代。

在曹雪芹笔下，贾宝玉初见林黛玉，觉得仿佛在哪儿见过，留下了特别深刻的印象，后面的许多发展就自然而然了。素昧平生但似曾相识，这也是很多人都有过的经验。宗教家拿来证明前生，心理学家说哪有前生，你早已在心中为未来的那个人描画了形象，这个形象的原型可能是父母，可能是兄弟姐妹，可能是某一幅画像，也可能是某一个演员。一旦遇见相近相符的人，你就一见倾心了。

在歌德笔下，少年维特和绿蒂初见，绿蒂正在喂她的金丝鸟。绿蒂用嘴唇含着饲料让鸟啄食，然后把鸟交给维特把玩，那金丝鸟就来啄维特的嘴唇。绿蒂用那样尖锐的角轮流接触两人那样敏感的部位，充满挑逗的意味。初见简直就是初吻了！让维特保持平常心也难。

在蔼夫达利阿谛思笔下，两小无猜的男孩女孩一同上课学文法。男生坐在左边，女生坐在右边。老师带着他们一同大声诵读课文，我爱、我爱你，你爱、你爱我，听起来有唱有和，如响斯应。这个小班级以后不知产生多少小情侣，有天，这些小男生小女生会告诉人家，他们的初见是在这个文法课堂。

我们都熟悉好莱坞的电影，其实欧洲也有许多好片子。有一部中文译名为《长相思》，就是以初见为题材的。城市里的一个大学生到乡村度假，由当地的火车站站长热心接待。站长有女初长成，绮年玉貌，而当地没有一个“郎才”，以至于这个旅行的青年掉进了天造地设的恋爱乐园。男的呆，女的活；女的盘旋进退，男的手足无措；男的似被动而实主动，女的似主动而实被动。女主角娇憨精明，无端羞涩，忽然大胆，男主角对她立下了不能实践的誓言。

初见之后，继之以初恋。初恋无常，风流云散，那时初见就成了一个伤口。纳兰性德感叹“人生若只如初见”有多好！王曦和金十三假设“若是不相见，若是不相恋”！主编刊物的先生女士们，常常接到一些少年男女的稿件，用“寄不出的信”做题目，写自白式的抒情文。他或她，对着已失去联络或不便再有联络的另一方，说一些温柔缠绵的话，惆怅往日，惋惜未来，轻颦浅愁，展示情感生活的“初段”。

一个人能把自己的影子趁少年时印在一个异性的心上，也是一大幸福，因为你将一生被他相忆不忘。你漫不经心说的几句话，可能被他当作一种哲学来体会猜忖，从中悟出人生的道理来，到中年、晚年还受它支配。一天相聚，去思终生。在这方面，论者常常强调女性对男性的影响。年轻的作家池莉女士说，好多男人的实际的一生是从有了女人开始的。年长的作家冰心老人说，世界上若没有女人，这世界至少要失去十分之五的真，十分之六的善，十分之七的美。

我的实践二：变好还是变坏

这个题目，来自我和一位忘年之交的对话。他问："灾难来了，人会变好还是变坏？"我踌躇了一下："你说好坏，什么意思？""好坏就是善恶。""你说变，什么意思？""平常不做坏事，现在也做。"

我明白了。以前我相信，人本来无善无恶，起心动念于是有善有恶，道德修养教人存善去恶。善恶是一种选择，好比放下橘子拿起梨。后来我相信善恶是一种距离，"性相近，习相远"，像水平仪的水银，左右流动。先贤不是说"改过迁善"吗？注意那个"迁"字，道德修养教人移动自己的位置。现在的网络语言说成"与恶的距离"，修辞新鲜，大红特红。你提出来的问题，应该是："灾难来了，人与恶的距离近了，还是与善的距离近了？”

我们的谈话有背景，当时“新冠病毒”正在流行，患者天天增加。我们谈话的时候，全球已有 320 万人生病，24 万人因病死亡。我们居住的这个城市，平均每两个人就知道有一个他们认识的人染疫而死。这种新病毒一时无药可医，目前只能预防，它改变了人的行为。举个例子，预防病毒感染要戴口罩，人民大众突然需要那么多口罩，任何国家平时都没有这个生产量。有些地方完全买不到，有些地方还能买到，你的亲戚朋友寄口罩来，你收不到，中途不知道哪个环节，有人把口罩侵吞了，平时没有人干这种事情。这种事情不只发生在人与人之间，甚至发生在国与国之间，甲国的政府为了防疫向乙国订购了一大批口罩，口罩经过丙国，丙国的政府干脆把这批货物没收了！

说来也是老生常谈，人都有私心。“私”是万恶之源。一切政治理念、宗教信仰、价值标准都教人“去私”。可是，灾难来了。灾难是一种挑战，为了打这一仗，人要先收缩公心，保全自己，犹如军队在劣势作战的时候收缩兵力，树木在秋天落掉叶子。这就被迫移动中线，向恶倾斜。好比旱灾，禾苗死了，杂草活着；鱼虾死了，蝗虫繁殖。养老院里，医生护士集体弃职，有些老人竟然活活饿死！

平时不会发生这种事情。

为了防疫，政府颁布了“限聚令”或是“禁足令”，教大家不要出门，尽量避免与人接触，要用手势打招呼，用中国的拱手代替西式的握手。人人坐在家里清算，有多少朋友就有多少牵挂，有多少亲属就有多少累赘。人嫌人，人怕人，这一族人仇视另一族人。一家之中，该上班的不上班，该上学的不上学，不能到电影院开怀大笑，或者到公园披襟当风。屋顶下，人口密度增加，矛盾也增加，于是家暴增加了，虐待动物的事也增加了。专家断言，偷抢拐骗会增加，滥用福利会增加；疫情消失以后，离婚的官司也一定大量增加。

结语：“疫情在考验每一个人。”而人是不能考验的。

创作活动之五

组合

解说：拼图

我们经过观察、想象、体验累积了很多材料，材料还不是文章，好比砖瓦石板还不是房子，就像螺丝齿轮还不是机器。这些分散的、零碎的、彼此没有关系的材料，怎样聚成形状，成为有机体，这一步功夫叫“结构”，也就是现在要说的“组合”。没有材料，无从结构，没有结构，不成文章，所以组合很重要。

“结构”观念抽象，不便讨论，我们采用另一个说法，喻之为“拼图”。你我经过观察、想象、体验得来的很多材料，好比一张一张图片，你我可以选择一些图片拼在一起表情达意。比方说，一双男人穿的皮鞋旁边摆上一双高跟鞋，可以表示伴侣；在这两双鞋后面放一双儿童穿的鞋子，可以表示家庭。一双陈旧的皮靴后面放一双刚刚擦过的皮鞋，皮鞋后面放一双球鞋，球鞋后面放一双童鞋，童鞋后面再放一双婴儿在襁褓里穿的那种装饰性的绒鞋，这么一行鞋子好像在诉说一个生命的成长。

哪些图片应该摆在一起呢？有一个原则："一加一大于二。"一片玻璃只是一片玻璃，两片玻璃合并就成了不碎玻璃。我们追求的是，经过组合，两张图片不再仅仅是两张图片。一个骰子旁边摆上一沓钞票，表示赌钱；摆上一只手枪，表示赌命；摆上一束玫瑰花，表示赌一生的幸福。庙门口香火鼎盛，说明这一方居民还相信极乐世界；庙门口贴上几张标语要破除迷信，说明新思想来了；庙门口结着蜘蛛网，说明无神论成功了。"小脚和西装"的拼图，代表一个留美学生和一个旧式女子的婚姻；"自油松片以至电灯，自独轮车以至飞机，自镖枪以至机关炮"，依鲁迅先生所说，表示中国的革新不彻底。

拼图，你打开唐诗宋词，最容易找到榜样。"千山鸟飞绝"是一幅图，"万径人踪灭"是一幅图，"孤舟蓑笠翁"又是一幅图，最后才有一句"独钓寒江雪"，有了这一句，前面三句合为一体了，整首诗扩大升高了。"枯藤老树昏鸦"

是一幅图，“小桥流水人家”是一幅图，“古道西风瘦马”是一幅图，马上骑着一个流浪的人他没说，到了最后“断肠人在天涯”才说出来，有了这一句，前面四句也合为一体了，整首作品膨胀发酵了。

到了杜甫笔下，我们更是大开眼界：“两个黄鹂鸣翠柳，一行白鹭上青天。窗含西岭千秋雪，门泊东吴万里船。”整首诗四句，一句一幅图，除此之外，他什么也不说。清代女诗人何佩玉也有这样一首诗：“一花一柳一鱼矶，一抹斜阳一鸟飞。一山一水中一寺，一林黄叶一僧归。”除此之外，她也什么都不说。他们选择的这些图片已经结成一个有机体，他们自己不必再说，后世有学问的人会替他们说。你有机会读到这方面的书，再仔细探索究竟。这些图片各有各的来源，各有各的时空背景，为什么能结成一个有机体呢？前面说过的话再说一遍，因为“一加一大于二”。

房屋公司印了一张海报推销房子，主要的图片当然是一栋小洋房，另外把一些次要的图片也组合了进来：房顶上有烟囱，门外有草坪，草坪上有花，有婴儿车，还有一只狗。这一番组合显示这里是“家”，要使某些人感觉到需要一个家。海报的大标题是：“你也可以实现你的梦想”。“一加一大于二”，这正是海报的设计者追求的效果；写文章也是如此。

细看每一幅图片，并不是随手拈来。房子是新的，使人觉得房子的主人也年轻。房子很小，小房子才温馨，加上有烟囱。从草坪看气运，青草很密，剪得很平，可见男主人勤奋自强。如果一条街上家家草坪枯萎稀疏，或者长满野草，那一定是住户又穷又懒，不能做邻居。从图片上看不见房子里面，但可以看见窗帘，从窗帘的质料花纹可以看出女主人的品位教养。还有那只狗，品种很纯，养这样的狗要花很多钱，说明主人收入不错，负担得起。组合图片像中医开处方，每一味药都有作用；写文章也是如此。

我们作文，除了视觉上的组合，还有听觉上的组合。夜半被马路上的急刹车惊醒，接着是孩子大哭，然后警车声、救护车声……各种特殊的声音轮流出现。就这样，事情发生了，事情过去了。也有嗅觉上的组合，闻见米的香味、饭的焦味、炉火的气味，然后……就这样，事情发生了，事情过去了。

补充解说：作品的形状

组合，用你的材料，给你的作品做出形状来。不但雕塑、建筑有形状，舞蹈、戏剧也有形状，按文言的说法，这是“诚于中，形于外”，连音乐也有结构式。这里我们不说结构，说组合——结构是名称，组合是行动，你要去做才成。观察，想象，体验，选择，组合，表现，都是动词。

说到作品的形状，唐诗宋词元曲都有前人设计现成的式样。词曲的形式都有名称，作诗填词的人把材料装进去，一首作品有两个题目，一个题目标明内容，一个题目标明形式。例如：“枯藤老树昏鸦，小桥流水人家，古道西风瘦马。夕阳西下，断肠人在天涯。”马致远的这首散曲的标题是“天净沙·秋思”。这个形式是公器，大家都可以用。在他之前，有人写过《天净沙》：“孤村落日残霞，轻烟老树寒鸦，一点飞鸿影下。青山绿水，白草红叶黄花。”在他之后，有人写过《天净沙》：“镜湖白桦流霞，水清风暖晴沙，旧巷新楼粉瓦。秋千树下，故居今是谁家？”

新文学运动反对“僵化了的形式”，主张“文无定形”，世上有多少文章就有多少形状，我们都敬谨受教。不过，那是为有成就的作家说法，不是指引初学后进；那是教蛹如何化蛾，不是教蚕吐丝结茧。例如高手下棋，运用之妙，存乎一心，哪管什么棋谱？他怎样下这盘棋，这盘棋就是怎样的谱。他在学习期间也曾复谱，拿着棋谱，守着棋盘，照着前人的落子一步一步走过，有时候还不止一遍。他也曾默谱，独自一个人躲起来，闭上眼睛，把棋谱上的某一局棋回忆一遍，有时候也不止一遍。我这本小书对大天才没有贡献，希望跟学而知之、困而学之的年轻朋友切磋琢磨，所以要承认文章有形状，可以照样组合。

组合的方法，首先我介绍“**陈列式**”，把你的图片都摆在台面上，前面介绍的两首《天净沙》都是这么办的。马致远针对“秋思”选图片，古道西风瘦马端出来，燕语莺啼、吹面不寒杨柳风就放进抽屉里了。我们现在写白话散文，可以接受先贤的这份遗产。前面有一篇《不一样的雨声》，你翻过去再读一遍，山中听雨，湖心听雨，天旱在黄土地上听雨，枕上听雨，一一并列，并没有因果主从。语文教科书曾有一篇《四时读书乐》，春夏秋冬各一首，四季各有疆域，全篇一个整体。那时老师出题目“你最爱读的书”，我们一本一本写；“你最想念的人”，我们一个一个写。

陈列式的组合里面有些小变化，你可以选择内容相同的图片，也可以选择内容相反的图片。翻回去再看看谈选择吧，《初见》选了五个性质相同的场面，《变好还是变坏》选了两种行为不同的人。

如果文章内容是一直向前发展，起伏不定，图片和图片之间有因果关系，那就要用另一种方法去组合，可以称之为“**波浪式**”。小小的孩儿失踪了，强盗把他绑在一顶轿子里抬着走，路上没有人看得见，这怎么办？小小的孩儿了不起，他在轿子里悄悄地撒尿，一路上点点滴滴留下痕迹，尿撒光了怎么办？他丢掉头上的帽子，再脱下脚上的鞋子，先脱左脚，后脱右脚。这叫绑票，孩子成了肉票怎么办？警察说，别害怕。他们带着警犬，先找到那泡尿，一路追寻，找到帽子、鞋子，然后却只见荒山野岑，怎么办？警察回到城里，查出那个小小的山村是个贼窝……

警察怎样救那个孩子，说来话长，按下不表，单看孩子失踪的经过，就是波浪式的发展，如果写出来，也要用波浪式的组合。“塞翁失马”的故事没忘记吧？塞翁失马，焉知非福？塞翁得马，焉知非祸？塞翁得祸，焉知非福？一波三折，环环相扣。

陈列式，静如磐石；波浪式，去如流水。我再推荐第三种组合的方法，回环往复，去了又回来，去了又回来，这一种可以叫作“**穿梭式**”。陈列式适合写景，波浪式适合记事，穿梭式适合抒情。有一首歌你们都会唱，《教我如何不想她》，歌词是刘半农先生的一首诗，恰好可以做穿梭式的骨架。

天上飘着些微云，地上吹着些微风。啊！微风吹动了我头发，教我如何不想她？

月光恋爱着海洋，海洋恋爱着月光。啊！这般蜜也似的银夜，教我如何不想她？

水面落花慢慢流，水底鱼儿慢慢游。啊！燕子你说些什么话？教我如何不想她？

枯树在冷风里摇，野火在暮色中烧。啊！西天还有些儿残霞，教我如何不想她？

这首歌最有名的一句是“教我如何不想她”。全诗分四段，四个情景时间、空间各不相同，这一句在每一段里出现，如同去而复返，依依不舍。文句虽然相同，但经过作曲家的处理，在每一段中唱法并不一样，最后一段部阶拔高，音节跌宕错落，感情特别强烈。

触类旁通，想起唐代崔护的《题都城南庄》：“去年今日此门中，人面桃花相映红。人面不知何处去，桃花依旧笑春风。”这首诗最重要的一句是“人面不知何处去”。如果用这个材料写白话散文，可以有个大纲：去年今日此门中，人面不知何处去。人面桃花相映红，人面不知何处去。桃花依旧笑春风，人面不知何处去。触景生情，念念不忘，好像在他的血液里循环。

前面说过，“教我如何不想她”文句重复，曲谱变化，穿梭才有感人的力量。散文不能吟唱，必须意思重复而文辞不同。还是“人面不知何处去”：游人还是这么多，天气还是这么好，可是去年的人面在哪里？人面也是花，而且是花中之王，花中之后，人面不再来，这一片桃林减去多少灿烂。又是一年春风，这些花都会变成果实，不知人面怎样了……如此这般，你得变着花样说。

触类旁通，想起一位作家遗失了他的手表，他没出门，可是搜遍家中每一寸空间，也不见手表的踪影。好吧，那就算了。那个年代，手表是上紧发条驱动齿轮，发出嘀嘀嗒嗒的响声。他看书的时候，听见抽屉里嘀嘀嗒嗒响，赶紧打开抽屉，找不到手表。他睡觉的时候，听见枕头底下嘀嘀嗒嗒响，赶紧掀起枕头，找不到手表。他在洗手间，听见衣橱里响，他坐上汽车，听见座位底下响，都是虚惊。他的文章里反复出现手表的响声，我们也可以看作是穿梭式，可见他多么喜欢他的表，心里实在放不下。

组合的样式确实很多，前贤介绍过纵剖面的写法和横断面的写法、直叙的写法和倒叙的写法，我也介绍过串珠的写法和织网的写法。实践发现，名目虽多，其间的界限并不严格。古人希望我们举一反三，我在这里希望举三反百，多阅读，看到你喜欢的就学。

回应：还有其他的形状吗？

组合很迷人，作文走上这一步，兴味盎然。黄老师讲组合，总觉得还有该讲的没讲出来，学生怎么不发问？学生要“触机”才有回应。

有一天，辛大为从口袋里掏出一张报纸来，上面有人谈到文章的结构，说有纵剖面的写法，像棵树由根到梢，有横断面的写法，像树干的年轮。他说的为什么跟老师说的不同？

很好，黄老师知道他遗漏了什么，他要补充。

组合的样式很多，他说有陈列式、波浪式、穿梭式，不过是举例。别人说有纵剖面的写法和横断面的写法、直叙的写法和倒叙的写法，还有串珠的写法和织网的写法，也都是举例。

孔夫子说他十五岁的时候怎样，三十岁的时候怎样，四十岁的时候怎样，五十岁的时候怎样，一直说到七十岁，就是纵剖面。徐志摩说他忘却童年期清风白水似的天真，忘却少年期种种虚荣的希冀，忘却渐次的生命的觉悟，忘却热烈的理想的寻求，忘却心灵中乐观与悲观的斗争，忘却攀登文艺高峰的艰辛，忘却刹那的启示与彻悟之神奇，忘却生命潮流之骤转，忘却陷落在危险的旋涡中之幸与不幸，忘却追忆不完全的梦境……他这一段就是横断面。

据说有一个人死了，墓碑上记载他的生平，说他先读文学院，不及格；改读军校，被淘汰；最后学医，挂牌给人看病，三年没有人上门；他很生气，自己气病了自己医，又把自己医死了。（原来的文言文简洁精彩：公少颖悟，初学书，不成。乃学剑，又不成。遂学医，悬壶三年，无问津者。公愤，公病，公自医，公卒。）这是纵剖面。

有人说自己二十岁骑马，三十岁开飞机，四十岁开吉普车，五十岁骑脚踏车，六十岁坐轮椅。有人说自己从小喝牛奶，二十岁喝啤酒，三十岁喝威士忌，四十岁喝伏特加，五十岁喝咖啡，六十岁喝茶，七十岁喝白开水。这两个人说的都是纵剖面。

有人换个说法，他牛排不能吃，篮球不能打，蛋糕尝一口，月饼看一眼，酒闻一闻，口袋里装着紧急呼叫器，没事摸一摸。有人介绍自己的经济能力：遇见乞丐，他还能给一元二元；过年包红包，他还能装一十二十；天灾募捐，他还能掏一百两百；老家亲人办喜事，他还能汇一千二千。这两个人的说法就是横断面了。

为了方便，就拿这本书里面的文章做例子。《不一样的雨声》是陈列式，山中听雨，湖心听雨，黄土地听雨，枕上听雨，一一陈列出来。有人从陈列式中分出来一个串珠式，像项链一样，项链也是一颗一颗摆在眼前。二者有何不同？项链中间有一根线把珠子穿起来。这本书里还有一篇《游踪》，作者写他火车上所见，大贝湖所见，台南古城所见，中间有一根线，就是旅行。

这么说，《西游记》是串珠式，盘丝洞、高老庄、火焰山、子母河，中间有根线：西天取经。《儒林外史》是陈列式，一个人一个人地写，一件事一件事地写，都很好，可是没有什么贯穿全局。“春游芳草地，夏赏绿荷池。秋饮黄花酒，冬赋白雪诗。”各个独立，应该算陈列式。《四时读书乐》《四时农家乐》，也是陈列式。春耕、夏耨、秋收、冬藏，一开始春耕就有冬藏做目的，因果相生；既然春天播了种，夏天不能不锄草；既然一夏天那么辛苦，秋天不能不收成——这应该是串珠式。

组合还有别的说法。“开门见山”，先写最重要的，“画龙点睛”，后写最重要的，各有各的见地。现代人很忙碌，你要说什么快点说，否则他会不耐烦。报纸上的新闻有个通用的格式，第一句话就要告诉读者这是车祸，这是中奖，这是大明星结婚。所谓第一句话，指第一个句点出现之前的话。这一句话往往很长。读者凭这一句话决定他要不要把新闻看完。写新闻的人也要有本事，一句话就让你一定看下去。“画龙点睛”的写法相反：吃肉还是吃素？各有优点，各有缺点，最后三言两语告诉你怎样吃最健康。“宋人议论未定而金兵渡河”，这事儿挺刺激，比“金兵渡河而宋人议论未定”有看头。喜欢听笑话吗？笑话有一个“笑点”，听到这个地方你会发笑，讲笑话的人一定把“笑点”放在最后。

作品示例一：天净沙

白朴

春

春山暖日和风，阑干楼阁帘栊，杨柳秋千院中。啼莺舞燕，小桥流水飞红。

夏

云收雨过波添，楼高水冷瓜甜，绿树阴垂画檐。纱幮藤簟，玉人罗扇轻缣。

秋

孤村落日残霞，轻烟老树寒鸦，一点飞鸿影下。青山绿水，白草红叶黄花。

冬

一声画角谯门，半庭新月黄昏，雪里山前水滨。竹篱茅舍，淡烟衰草孤村。

作品示例二：游踪

也算范文，一种最简单的组合方式。

车上

早晨，到车站，很多提着行李包的人仰脸选择票价表，也可以说是票价表在那里选择顾客。我们一直走进广告画般悦目的飞快车，觉着自己很像个观光客。铃响，笛鸣，车动，月台上的大喇叭里忽然放出来《小夜曲》，那位可怜的提琴家在灌唱片的时候，大概没想到他的演奏会在如此嘈杂吵闹的地方，冒着不识时务的危险出现。谁也没心思听他，他只是在车站的诸般噪音中聊备一格。

火车出了市区，跟公路平行，转眼就追上了公路上的小包车，转眼又把小包车抛得老远，确够“飞快”。但是，无论如何快，到台南也得五个多小时。这样一想，立时发觉座位不舒适，两张椅子中间的空地太少。四个人相向而坐时，那点空隙容不下八条腿，以至于这八条腿连同上面的膝盖须不住地躲避、摩擦、撞击。坐在我对面的是一位三十多岁的太太，穿着肥大的日本绸旗袍，假寐时仍然要露出口里的金牙。她像在自己的卧室里一样放松肌肉，脱去鞋子，把光脚板往我们的香港衫下面一送，呼呼大睡，露着她的金牙。这一来，别人坐得更不舒服了。

飞快车只是在几个大站停靠。当它迅速擦过小站月台的边缘时，月台上许多候车者的脸在我眼前一闪而过，看去模糊不清，引起一阵梦幻般的感觉。我总疑心，其中可能有熟人，甚或有阔别多年渴望一见的知交，彼此面对面一瞥即逝，乍惊又疑。有时候，就这样制造了梦，一个或几个生离死别的老友，他们最常有的表情忽而出现，忽又隐没，给你一个惆怅的醒。

坐久了，觉得两腿有些麻木，我离座闲走，装作到别的车厢里找人。车上有一位工作人员，已有偌大一把年纪。他把制服烫得很平，胡子刮得干净，随时抖擞精神，不住地与光阴作战。我记得初来台湾时，铁路方面的随车人员都是年轻的。我一再打量他，心想："不知在你年轻时见过你没有。"

碑前

台南是古城，据说某处有几幢古碑，我们要求朋友带路去看。

来到昔时的一座城门下面。朋友也不知道碑在哪里。他猜，若由他做主，他会把碑保存在城门下面。可是城门下面从前车马商旅络绎通行的地方，现在分割成一排小门，每扇门上一把大锁。

往里面走，后面大树荫下有一小块空地。以前守城的兵丁在那里卸甲或磨亮矛尖，现在它跟都市里的任何一块空地一样，那里必定有木板屋，必定有孩子一面啼哭一面大便，先生一面流汗一面扇煤球炉，太太刚洗完了尿布又要淘米。

索性登上城楼，上面活像个大蜂窝，一个方格子连着另一个，每人或每家蹲在一个格子里，紧紧挤在一起不能动弹。

古碑到底在哪里？一位好事者指着说：“那里！”顺着他的手指望去，楼外两百多米，不见碑，只见一簇又矮又脏的克难房子。

碑是有的，请到那些房子里去看：有的嵌在墙壁里，有的立在床头上，有的被利用做煤油炉的防火板，有的正好代替一根柱子。有个房间恰把一面石碑留在中央，成为一件诡异的装饰品，人在房间里得绕着弯儿走。

想十年八年以来，一群又一群人流浪到台南，好地方被有胆识的、手足敏捷的先占了，求其次，石碑的隙缝间也可容身。他们似乎是善良的，直到如今，家家大门为看碑的人开着，任你移开菜橱去看，掀起蚊帐去看，拨开花树去看。正在烧饭或正在奶孩子的女主人，头也不抬，好像来的不是陌生人。

这块空地从前是刑场，日落后，走路的人都要绕道。然而，自有人不怕鬼。

我没注意古碑，我看到了现代的碑，碑文用硬毫浓墨艰涩地写着：“生活”！

湖畔

高雄大贝湖有两样植物使我惊喜：杨柳和含羞草。

含羞草在大贝湖畔是野草，山顶上生得满满的，还开着粉红色的花球。它们被游人踢来踢去，教人看了有些不忍。

从前，含羞草只在校园里种植少许。我们那时都是孩子，都用稀奇的眼光来玩赏。有些日子，我们简直无心听课，只顾竖着耳朵等下课铃响。铃一响，我们就跑到青砖砌成的花墀上逗草叶取乐。它本为避人触摸，才闭它的叶子，谁料适足以招惹更多的触摸！立在旁边的仙人掌是不是讪笑过它？

说到杨柳，人家一直告诉我台湾没有。几个月前看日片《悲欢岁月》，画面上蓦然出现一株高大的垂柳，千条万缕，飘来拂去，使我心跳了许久。有心人在大贝湖畔种了不少，这次我发现了，翠浪轻摇，倒也宜烟宜雨。站在楼下，看倒垂着的长条把树顶弄成穹隆形，正好像树下也是人生哀乐的舞台。“舟轻难系”，“忍折长条更作鞭”，单看诗句已凄绝，何况你我从前亲自做过？更何况我们今生永不能再年轻一次？

我的实践一：摸象

从“组合”看盲人摸象的故事。

“盲人摸象”是从印度输入的寓言。摸到象鼻子的人说：大象就像一根管子。摸到象耳朵的人说：大象就像一把扇子。摸到象牙的人说：大象像一个大萝卜！摸到象身的人说：大象就像一堵墙。摸到象腿的人说：大象就像一根柱子。抓到象尾巴的人说：大象活像一条绳子。中国人可能暗笑编造这个故事的人太幼稚了，把它当作童话教孩子读。

苏东坡不然，他仿制了一个双目失明的人。这人生来目盲，不知道太阳是什么样子。有人告诉他太阳的形状像铜盘，他后来听见清脆的响声，以为这就是太阳了。有人告诉他太阳的光像烛光，他后来摸到一支箫管，以为这就是太阳了。这一次，大文豪令读者失望了，这个故事不但没有大人的智慧，也没有儿童的趣味。

盲人凭触觉认识世界，有时候特别动人。美国女作家海伦·凯勒既聋且盲，她和美国总统艾森豪威尔见面的时候，用手掌抚摩艾森豪威尔的脸，镜头传遍世界。海伦·凯勒也参加音乐会，音乐演奏时，她用手掌贴在椅子的把手上，感受椅子的震动。她这样一点一点认识世界，跟你我一样。

广义言之，我们都在摸象。印度人用这样一个小故事启发我们，我们都不能一次摸遍大象的全身，要不停地摸下去。“少年读书，如隙中窥月；中年读书，如庭中望月；老年读书，如台上玩月”，是摸象；“看山是山，看水是水；看山不是山，看水不是水；看山仍是山，看水仍是水”，也是摸象。你摸到局部，摸遍每一部分，如果不能，就把每一个盲人摸到的那一部分集合起来，局部是过程，全部是结果。

现在流行两个名词：一个是“阶级立场”，一个是“历史记忆”。有人问：“你挨过饿没有？没挨过饿的人不配跟我谈人生。”有人问：“你参加内战了没有？没参加过内战，不配和我谈历史。”其实“挨饿”只是人生的一部分，“内战”也只是历史的一部分，局中人更应该知道局外。大家一起摸象，摸到一条腿也是贡献，但是不能拿起柱子来打一同摸象的人。

想起蒋捷的那首词《虞美人·听雨》：

少年听雨歌楼上，红烛昏罗帐。壮年听雨客舟中，江阔云低，断雁叫西风。

而今听雨僧庐下，鬓已星星也。悲欢离合总无情，一任阶前，点滴到天明。

这首词可以算是他的摸象回顾。他不用故事，用诗词，充满感情，读者几乎忘记思考。少年，享乐；中年，奋斗；老年，豁达——各有收获。或者少年，家宅；青年，旅社；中年，湖海；老年，星月——也各有收获。只要不是太愚昧，终究能把管子、扇子、柱子、绳子，还有一面墙，像拼积木一样拼出一头象来。

我的实践二：志工、义工一家亲

做义工，从体验生活中选择材料。

这里有一个人，退休以后很郁闷，担心自己快要生病了。某一天，有个朋友来看他，约他到公园里走走。

进了公园，发现里面有许多人，每个人都拿着扫帚。

他的朋友也去拿，顺手给了他一个。原来这些人都参加了义工组织，到公园里来扫落叶。义工是志愿工作、义务工作，为公众付出，不求回报。他这个人一辈子没有用过扫帚，抓起来试一试，倒也很顺手。想起电影上看过的画面，古寺和尚扫院子，姿态很好看，不知不觉就跟着大家扫起来。

一面扫落叶，一面呼吸新鲜空气，顿时觉得心旷神怡、耳聪目明。一面扫，一面觉得肌肉恢复了弹性，消化系统和循环系统都还年轻。慢慢扫，和并肩工作的人谈天，三言两语居然很投机，发现有人是同乡同行，来做义工，见面三分亲，不来做义工，咫尺天涯。扫着扫着开始出汗，原来汗水教人快乐，可以用“津津”形容。

中午就地野餐，吃义工团体提供的盒饭。劳动之后，食欲也格外津津。欣赏干干净净的公园，很满足，有人把这种满足叫成就感。抬头看树，正是落叶的季节，枝条稀疏劲俏，显得“天朗气清”——以前只是认识这四个字。领队的人说，明天，这地上又铺一层，咱们把这座公园包下来了，明天再见。当然再见，为了锻炼身体，结交朋友，欣赏风景。这里并非只有落叶。

到公园里扫落叶，好像是大事一件？不经一事，不长一智。落叶盖住草坪，青草会发黄。落叶铺在公园里的小径上，遇雨潮湿打滑，孩子、老人和坐轮椅的人走在上面不安全。如果不下雨，干燥的落叶随风堆积，又容易引起火灾。

这个第一次来做义工的人不免好奇：政府有专设机构管理公园，何以要义工来扫落叶？不经一事，不长一智。这才晓得现代政府号称福利政府，推行各种公共建设，都市不能只有高楼大厦，也要保留一定的空间种植花草树木，由它们吸氮吐氧，称为“市肺”。市肺是市民之肺，也是自己的肺。每一项公共建设都要花大钱，政府没有那么多钱，义工来补政府人力之不足，维持市肺也就是维护市内新鲜的空气。到公园里来做义工，可以增进市民的福利，所以做义工还有一项收获：赢得小区的尊重，不求回报而自有回报。

来做义工，才知道义工时时都有，处处都在。慈善机构办园游会，在大街上发传单的，门口收票的，在园子里面做向导的，都是义工。园游会设了几十个摊位，家庭主妇来卖点心，画家当场作画，作家当场签书，园艺家当场插花，都是义工，不要报酬，或者只收一点成本费。还有那千万个家庭，早晨家长上班，孩子上学，家门深锁，下午孩子放学，家长还没下班，政府就鼓励民间团体开办课后辅导，以免孩子们在街头游荡。自有学音乐的人来教音乐，学绘画的人来教绘画，学武术的人来教跆拳，他们不要报酬，或者只收一点车马费。由“仁民”到“爱物”，有一种义工专门照顾流浪的野猫，给这种猫取了一个文雅的名字，叫“街猫”，而自称“猫友”。有人更谦卑，自称“猫奴”。这些人自己花钱喂街猫吃饭，给街猫结扎，劝沿街居民善待这些毛孩子。为什么不通知衙门捕捉呢？政府里有个机构管这件事，他们会定一个期限找人收养，过了期，他们就给无人领养的毛孩子来个安乐死。猫友、猫奴于心不忍，安得广厦千万间，只有尽心焉耳矣。

来做义工，才知道义工别有天地。有人到孤儿院教孩童唱歌，可以想象那滋味多甜蜜！忆当年维也纳儿童合唱团到美国演唱，轰动一时。有个美国人说：这有什么稀奇！我家的黄莺也会唱歌！黄莺唱歌不稀奇，黄莺对着你唱就稀奇；黄莺自己唱歌不稀奇，黄莺跟你学唱歌就稀奇。把人当作动物并不难得，把动物当人那才难得！两者并不站在一条线上。孤儿院最缺少歌声、笑声，你能输送其一，歌声响起，人间就是天上。

来做义工，才知道有个团体专门陪盲人散步。这些人不叫义工，叫志工，志工、义工一家亲。现在盲人有尊称，叫“视障者”。他只是视觉有障碍，除此之外，四肢百骸正常，不该整天囚在小房间里。每星期一次，志工上门问候。今天想到什么地方走走？两人一面走，一面聊天。志工沿途解说：这条马路刚刚翻修。另一个说：新马路有新马路的气味，我闻得出来。志工说：现在时兴慢跑，刚刚有个运动员和我们交臂而过。另一个说：我知道，他带动了一阵风。走着走着，志工停下来：这里有一张椅子，要不要坐下来休息一下？以前，这条街两旁，每隔一段距离有一张长椅，给行人歇脚，后来不知怎么都拆掉了，这里还剩下一张，很难得。另一个忽然倾耳：这里怎么会有音乐？这一个恍然：前面新开了一家商店，专卖电子产品，音乐、戏曲都录成了 CD。另一个欣然，要去看看，店门口掏出钱包：这张 CD 我喜欢，我买一张。这一个说：好，你不用掏钱，一张 CD 很便宜，我送你啦。你看，有人说义工、志工都是付出，这句话还得加上几个字，欢欢喜喜地付出。“人之初，性本善”，想完全推翻也难。

志工、义工，各种年龄、各种身份的人都有。现代人长寿，六十岁或六十五岁只是“假老”。退休了，突然觉得人生没有了意义，无事可做，只有生病。心理疾病导致生理疾病，生理疾病加深心理疾病。如此老人，一家苦矣；家家有老人，一路苦矣。于是医界有所谓“意义疗法”，只要帮他们找到人生的意义，许多病人会很快恢复健康。

有些话我说过，别人也说过：“每天醒来想起有事要做，很好！”“觉得还能爱，还能付出，还能为这个社会所需要”，“在工作中有新体会、新贡献、新故事可说”，善哉！这就是找到意义。人生可以没有钱，可以没有权，必须有意义。没有意义，每个老人都是社会的隐忧；有意义，每个老人都是国家的祥瑞。

创作活动之六

表现

解说：最初的动机、最后的目的

这本小书前面的一切谈论，最后都要归结在“表现”上。表现，露两手，“是骡子是马，拉出来遛遛”。你的经验阅历，你的理想抱负，你的才华智慧，让我们能拥抱，能分享。依文学前辈的说法，社会大众有这个需要。你如果能这样做，也是己欲立而立人，也是以先觉觉后觉，对天下后世也是一种贡献。

我们写文章，用语言文字来表现；唱歌用声音，舞蹈用肢体，画家用色彩、线条，他们也是表现。为了表现，我们把观察等当作功课，表现是最终的目的，也是最初的动机。为了表示强调，我模仿《大学》的句法反复说明：

要表现，必须先组合；要组合，必须先选择；要选择，必须先观察、想象、体验。观察、想象、体验而后选择，选择而后组合，组合而后表现。

听起来，表现无影无形，不可捉摸，好像很难？不，不难，能组合必定能表现，组合自然产生表现。所谓能组合，当然也指能选择；所谓能选择，当然也包括能观察、想象、体验。一路走过来，水到渠成。怎么会？别忘了文学作品是一加一大于二，表现就是那个大于二，你想不让它发生都不成。因为如此，写作教人觉得快乐。

在那个骑马坐轿的时代，官场聚会，互相问候，有如下一场对话：

“张大人，您是怎么来的？”

“我很近，走路来的。”

“很潇洒，很潇洒！李大人，您是怎么来的？”

“我是骑马来的。”

“很威武，很威武！刘大人，您是怎么来的？”

“我是坐轿来的。”

“很安逸，很安逸！王大人，您是怎么来的？”

这位王大人故意出了个难题，他说：“我是打滚儿来的。”

对方的回应不慌不忙："很圆通，很圆通！"

这个故事的重点在最后，布局画龙点睛。我们谈表现，对它别有会心。你看，走路表现了潇洒，骑马表现了威武。你认为勉强吗？他们是临场应酬，如果我们写文章，还要选择、组合。这个走路的人经过公园，欣赏鱼乐；经过树林，听听两个黄鹂鸣翠柳；进了大厅，也要先看看新挂上去的字画。骑马威武，人高马大，马蹄无情，所到之处蹄声嘚嘚，狗不敢过街，母亲抱紧孩子。组合来了，表现还远吗？组合完成，表现在其中矣！

谈表现，要举文学作品做例子。为了方便，我们尽量用本书使用的文章。

请再看一遍《妈妈和猫》。妈妈爱猫，夸奖别人家的猫，收容流浪的野猫，原谅猫捕食邻家的雏鸡，挂念失踪的猫，欣赏老猫的童心。这些都是一加一。作者写的是猫，表现的是母爱，母爱是他的大于二。读完这篇文章，觉得心中只有母爱，没有猫，或者说母爱包裹了猫。我们也从这篇文章发现作者心地慈善，能把动物当人。这一切非常自然，没有勉强。

还有一篇《网中》。这个网是渔网。作者组合了渔村、渔郎、渔女、海岸、落日，布置环境。有一天，电影工作队闯进来拍外景，女主角全裸，躺在渔网里挣扎。远近的渔郎、渔女闻风围观，看这一批陌生人，不同的肌肤，不同的衣服，喝不同的饮料，吸不同的香烟；想象他们不同的风习，不同的待遇，不同的人生观。这些渔村长大的女孩子忽然发觉自己是在网中生活，网外另有世界。这一念，渔网放大了，作品的表现也放大了。都市的浮华破坏了朴素的渔村，渔郎、渔女纷纷脱网而出——他们不知道网外有一个更大的网。作者只是旁观者清，任其自然。

这本书引用了元代作家马致远的散曲《天净沙》。他要表现的不是《妈妈和猫》那样的温馨，他也不需要像《网中》那样的纠葛难解，他组合了枯藤老树昏鸦，小桥流水人家，古道西风瘦马，还有一个夕阳，十个单象布成环境，安置漂泊的忧伤："断肠人在天涯。"原来这里有一个人，一个伤心人，在异乡漂泊。经过这样的地方，到了这样的时间，乌鸦已经归巢，太阳快要下山，他还是风尘仆仆，不知道今晚住在哪里。现在有个名词："归属感"，这首散曲写一个人骑马走过，表现了人的失落，没有归属。

由马致远的《天净沙》联想到范仲淹的《渔家傲》，这两首作品的"形状"不同，题材不同，组合的手法却近似，都是先选择当地景物布置环境。范仲淹选的是飞雁、乱山、长烟、落日、孤城，加上白霜、边塞的荒寒。这两位诗人在布置环境的时候都不让人物出现，电影界称之为“空镜”——凡是空镜，都表示重要人物呼之欲出。马致远推出来的是断肠人在天涯，一个人的流离；范仲淹推出来的是将军白发征夫泪，一代人战争的压力。范仲淹第一句开门见山：“塞上秋来风景异”。“异”，塞上的风景和中原不同，秋天的塞上和春夏又不同。风景既“异”，恐怕有不寻常的事情发生？这一个字吓人一跳。最后一句，他又画龙点睛：“将军白发征夫泪”。两种技巧都用上了，比马致远的那一首耐人咀嚼。

温庭筠的名句“鸡声茅店月，人迹板桥霜”，表现的又是什么呢？你看，他说“茅店”，用茅草盖顶的小旅店，很简陋，多么不方便。他又说“板桥”，用木板搭建的桥，很窄，大概也很短，底下一条小溪。这条路是偏僻的小路。夜里下了霜，霜很薄，田野里看不见，木板桥上很明显。人过桥，霜上面留下脚印，可见他们是步行。成语有“舟车劳顿”，走长途出远门坐船坐车还嫌累呢！这么冷，天没亮就起来赶路，没车没马，道路坎坷不平，这样的经验还要连续很多天，你说辛苦不辛苦？

由温庭筠的名句，我想起咱们民间流传的“未晚先投宿，鸡鸣早看天”。也讲对仗，也讲平仄，不是诗，应该算是谚语，也可以说是格言，是出门远行的守则。茅店的店主看中了上一句，未晚先投宿，可以招揽顾客，过年可以把它当对联，所以这两句的名气也很大。从前的人远行，怕路上歹人打劫，要在太阳下山以前住进旅店，这样安全。既然投宿早，第二天动身也要早，把头一天损失的时间补回来，早日到达目的地。听见鸡叫就不敢再睡在铺上，及早穿好衣服鞋袜，装好行囊，吃饱喝足，为一天的跋涉抖擞精神。这两句也是表现远行的辛苦，比较通俗，文字的密度也差一些。

我们谈过波浪式的结构，波浪有升有降。“未晚先投宿”，总算可以放下担子了，一天的奔波总算告一段落了，这是降。“鸡鸣早看天”，又紧张起来，这是升。出了店门以后步步高，直到下一个“未晚先投宿”。“鸡声茅店月，人迹板桥霜”，单看这两句只有升，没有降，上一句辛苦，下一句更辛苦，一直降不下来。读者的情绪跟着走，觉得温庭筠这两句比较精彩。不过，温庭筠写的是五言律诗，全诗也有升降，我们引用的只是八句中的两句。

补充解说：换个说法

同一个内容，可以有各种不同的说法。有些说法，使用的人太多，使用的岁月太久，表现力递减了！这时候，你不妨想一想，可不可以换个说法？

人家说："我家门前有小河。"

换个说法：

1. 小河从我家门前流过。

2. 我家住在小河旁边。

3. 我在小河旁边长大。

4. 人家开门见山，我家开门见河。

人家说："我家门前有小河，背后有山坡。"

换个说法：

1. 我家背后有靠山，门前有出路。

2. 走到房子后面，我想愚公移山；站在房子前面，我想精卫填海。

3. 出门的时候，我想起"临渊羡鱼，不如退而结网"；

回家的时候，我想起“留得青山在，不怕没柴烧”。

人家说：“哥哥、爸爸真伟大。”

换个说法：

1. 爸爸是皇上，哥哥是丞相，我是小宫女。

2. 哥哥摘星，爸爸追月，我照镜子。

人家说：“早起晚睡，披星戴月。”

换个说法：

1. 两头不见太阳。

2. 人家一天十二小时，他一天十八小时。

3. 一年五季过日子。

苏东坡说：“花有清香月有阴。”

“月有阴”，月光明亮，地面上才有明有暗。倘若月色朦胧，影子就显不出来。这句诗的前生是“花好月圆”。

这句诗的今生：

1. 花瓣张开，笑脸迎月，好像把月光当作了阳光。

2. 月色皎洁，好像能看见花的香气。

3. 花把她的姿势展开，也把她的香气展开；月亮把她的光明投在地上，也把她的阴影投在地上（想象月球上的黑影就是地面上的黑影）。

陆放翁说："花气袭人。"

你可以说：

1. 花香有侵略性。

2. 即使是花香，你也有不想闻的时候，可鼻子是不设防的，又很敏感。

3. 在林黛玉看来，贾府的花放送香气，也是在欺负她。

有些人说过："成功有一百个爸爸，失败是个孤儿。"

另外有人说过："当你在高处的时候，你的朋友知道你是谁；当你坠落的时候，你才知道你的朋友是谁。"

看句法，这些话大概是从外语引进的。"穷在闹市无人问，富在深山有远亲。"这一句倒是中国民间代代相传的俗谚。

你有没有自己的说法?

有了一颗青春痘，要说成春天来了。这是谁说的?

把大蒜看作水仙，不要把水仙看作大蒜。这是谁说的?

宁把落叶看成蝴蝶，不把蝴蝶看成落叶。这是谁说的？还有别的说法吗？希望将来又有一句，是你说的。

牧童骑在牛背上，边走边看书。

牧童骑在牛背上，边走边吹笛子。

牧童爬上牛背，一心想回家。

牧童骑在牛背上，不知不觉回到家。

牧童宁愿骑在牛背上，也不愿意坐在教室的凳子上。

牛驮着牧童，低头吃草。

牛背上落下三只乌鸦，它只顾吃草。

老牛不吃草，想牛槽了。

老牛一面吃草，一面摇尾巴。

老牛不管有多老，都驮得动牧童。

己所不欲，勿施于人。OK。

你愿意人家怎样待你，你先怎样待人。OK。

做自己快乐别人也快乐的事，不做自己讨厌别人也讨厌的事。OK。

大家说的都一样，也不一样。学习用自己的不一样表现跟别人的一样。换汤不换药，换瓶不换酒，换衣服不换人，换作料不换菜。

古代的诗人说海枯石烂。

今天的诗人说天下的黄金都变成废铁，天下的孔雀都变成乌鸦。

你添一句：天上的星星都变成黑点。

我添一句：地心的岩浆都变成冰山。

还有没有？休息一下，明年拿出来再添。

我曾经给奋斗的人六个字："不要怕，不要悔。"

后来看见有人换了个说法："简单想，勇敢做。"改为正面表述，更好。

我曾把"活到老，学到老"改成"活一天，学一天"，后来看见"活到老，学不了"，仍然押韵，更好。

《论语》教弟子："敏于事而慎于言。"我曾改用白话表述："快点做，慢点说。"后来看见有人写成："事不可拖，话不可多。"押韵，拈来顺手，说来顺口，更好。

有人喜欢说"看破"。

有人换个说法：看清了，也就看轻了。

有人再换个说法：看透了，也就看够了。

有人再换个说法：看遍了，也就看扁了。

我也加进去一句：看通了，也就看空了。

只因为古人留下一句“人为刀俎，我为鱼肉”，就生出许多口舌是非：人为鼎镬，我为麋鹿。人为网罗，我为雀鸟。我是猪羊，他们是屠宰场。我是一块肉，他们是绞肉机。

作品示例一：冯谖与孟尝君

董还主

古人的一段记载，表现了孟尝君对冯谖的“义”，也表现了冯谖对孟尝君的“义”。

孟尝君是齐国的政治家，冯谖是当时的游士。游士是战国时代的特别产物，这种人没有固定职业，东边走走，西边走走，看哪边能在政治上给他机会。依当时的风气，政治家有收容游士的义务，孟尝君门下的食客，因此一度有三千人之多。孟尝君对游士的态度分成上中下三等：上客食肉，中客食鱼，下客食菜。冯谖经人介绍到孟尝君门下，孟尝君给了他下客的待遇。这两个了不起的人物，开始相处。

故事的第一个高潮，是冯谖要求提高待遇。依当时的习惯，次一等的食客立了功，或者被发现有什么才华，会升到高一级去；有时候，食客虽然没有表现出过人的能力来，但是他自以为在受委屈，主人也多半能顾全客人的自尊心。冯谖的情形属于后一类，他希望饭桌上有鱼吃，出门有车坐，还希望孟尝君能照顾他的母亲。他不直接向孟尝君提出要求，他采用曲达法。

所谓“曲达”，就是转一个弯儿，让你间接地知道我的意见。从前有一个叫孺悲的人去拜访孔子，孔子对弟子说：“告诉他，我生病了。”可是，他又故意在内室鼓瑟唱歌，让孺悲听见，让孺悲知道他并未生病。孔子的这种做法，就是曲达，就是间接告诉孺悲：我不愿意见你。假定一个男孩子，喜欢一个女孩子，不便直接告诉她，就写一首诗登在壁报上，希望她看见，也是曲达。

冯谖倘若在餐厅里摔筷子，让人家知道他嫌伙食差，也不能说不是曲达，可是那样做风度太坏。冯谖的办法是倚在柱子上唱歌，唱歌需要打拍子，而打拍子最适当的工具就是自己的佩剑，弹着它使它发出清脆的响声来。在那个时代，士都佩带一把宝剑，就像三十年前的绅士都提一根手杖，也像今天的绅士都离不了一条领带。冯谖很穷，他的佩剑多半不值钱，可是他也给自己的佩剑取了个名字，叫“长铗”（铗就是剑），正像后世的读书人，尽管住的是两间半茅屋，他仍然给它取个名字，叫什么庐或什么居。

冯谖的歌词是：“长铗归来乎，食无鱼！”“长铗归来乎，出无舆！”“长铗归来乎，无以为家！”

这就是“弹铗”这个典故的出处。歌词的意思大概是：“长铗呀，跟我回去吧，这里吃饭没有鱼！”“长铗呀，跟我回去吧，这里出门没有车！”“长铗呀，跟我回去吧，在这里又不能养家！”周围的人把这些话报告给孟尝君，这位慷慨好客的贵公子立即把冯谖连升两级，并且对冯老太太实行实物配给，补给到家。“弹铗”两个字，后世就用来表示自许身价不低。冯谖的歌词，本是不满现实，可是听起来像埋怨自己；本是向人家讨饭吃，可是仍有骨气，而且这骨气深深含蓄在文句背后，不是那种又臭又硬的口吻。

过了一些时候，孟尝君征求会计人才，去薛邑收债，冯谖自告奋勇。孟尝君已经忘了冯谖这个名字，及至听说这就是曾经弹铗而歌的人，心里才觉得有些抱歉，抱歉自己一向忽略了这位食客的存在。孟尝君的语气真是婉转，他说："你看，我一天到晚累得不得了，心里也乱得不得了，我又这样笨，快要被国家的事务埋葬了。我对先生礼貌不周，而先生不仅不见怪，还肯替我去收账？"答案是：愿意。

收债要带着原始借据，在现代，借据是白纸黑字红图章。照最通俗的说法，我们中国在秦代由蒙恬造笔，在汉代由蔡伦造纸，私人图章到宋元才普遍应用。孟尝君的时代，纸笔私章都没有，重要文书刻在竹板上——一块竹板，两边刻着同样的文字，由中间劈开，甲乙双方各自保存一半。上面不盖图章，而是在竹板中间劈开的地方刻成不规则的锯齿，到了查验凭证的时候，像拼七巧板一样，核对两片竹板中间的锯齿，看它们是不是犬牙交错恰好吻合。借据也是用竹板刻成的，叫作"券"。你看，券的下面有个"刀"字。竹板的数量多了，难免笨重，所以孟尝君备了专车，载运这些债券赴薛。

到了薛邑，冯谖叫债务人都来"合券"，证明借券不假，然后，把所有的借券堆在地上，放火烧掉。他假传孟尝君的命令："你们生活很苦，所欠的债不必还了。"烧掉那么一大堆干燥的竹板，火势必定比我们的营火还要好看。薛邑的老百姓围在火旁大呼："孟尝君万岁！"场面必定热闹动人。这一个场面，叫作“市义”。“市”字在这里当“买”讲，“义”就是仁义、礼义的那个“义”。冯谖相信，他是用这些钱替孟尝君买了“义”。

冯谖导演了这一幕不朽的史剧，大概相当得意，连夜赶回齐国向孟尝君报告。孟尝君没有想到冯谖来这么一手，心里十分不满意，但是借券业已烧光，发脾气也没有用，徒然显得自己度量不够大。战国时代的习惯是：政治舞台上的人不得罪游士。孟尝君只能说：“也好，冯先生，你去休息吧。”

孟尝君是齐国重臣。历史上有很多例子，重臣到了太重要的时候，皇帝反而不喜欢他。有一天，齐王想把孟尝君免职。俗语说：“请神容易送神难。”这件事不大容易开口。在台湾，老板将伙计辞退，叫作“炒鱿鱼”——鱿鱼下锅，受了热会卷起来，象征职员离职要把行李卷起来。和和气气炒鱿鱼，颇不容易。据说，在台湾，到了年尾，老板要请伙计们大吃一餐。他如果明年想把谁辞退，就在上菜的时候，把鸡头对准那个人。那人受到这番暗示，就会自动辞职。这也是一种曲达法。可是，倘若那人假装不懂，饭后硬是不肯请辞，又怎么办呢？还有，倘若老板不只要辞退一个人，他希望有两个或三个人走路，又哪有那么多的鸡头一一瞄准？

在美国，有一个函授学校，专门告诉人家怎么做老板，其中一课，研究如何对某一个伙计说："我不再需要你。"讲义里面举了很多实例。有一个美国人在香港经商，雇用了三个职员，后来必须裁掉一个。他请三位职员"饮茶"，说明营业上有种种困扰，以致不得不减少人手。他说："你们三个都是我最得力的合作人，都是我的好朋友，我不能劝任何一位走开。"但是，他说："我们必须由四个人变成三个人。"沉默了片刻，职员甲说："实际情形既是如此，我愿意离开。"老板立刻热情地说："我怎么能让你走，你的工作太重要了，我一天也不能没有你。"职员乙说："我辞职，对你没有多大影响。"老板反问："谁说的？那简直是砍掉了我的右手。"这时，职员丙只好说："那么，还是我去另找工作吧。"老板说："好朋友，我现在不能答应你，不过，如果你找到待遇更优厚的工作，又当别论。裁员不是一件叫人高兴的事情，每个做老板的都希望他的生意能增聘工作人员，都不希望减少人手。将来营业好转时，只要我不是个糊涂虫，我一定会记得敦请你回来。"

编讲义的人在引述这个故事时相当得意，认为找到了"炒鱿鱼"最高明的厨子。他大概没有读过我们的高中语文。

齐王把孟尝君赶下政治舞台，只费一句话：“寡人不敢以先王之臣为臣！”这句话的意思大概是：田先生（孟尝君姓田），您是我父亲的部下，我怎好意思再要您做部下呢？我应该请您做最高国策顾问，怎可让您常常站班上朝写签呈打报告呢？这句话大方、得体、温和，有国王的威严，又不伤孟尝君的面子。

宰相做不成，孟尝君回到根据地薛邑去休养，门客大半走散，只有冯谖等几个人还跟着他。薛邑的老百姓感念孟尝君的焚券之德，扶老携幼，到百里以外夹道迎接，使孟尝君非常感动。他知道，今天收的果，全靠冯谖当初种的因。他想说几句话，表达内心的感受。他如果说：“冯先生，如果不是你当初免了他们的债，他们今天不会来接我。”这话太俗气。他如果说：“冯先生，当初你到薛邑收债，空手回来，我心里很不高兴，现在才知道，你对了！”这话太不含蓄。依《战国策》记载，孟尝君说的是：“冯先生，你给我买的‘义’，我今天收到了！”（原文：“先生所为文市义者，乃今日见之！”）

这句话真是说得好！这句话的技巧，在于用了“市义”两个字。“市义”是冯谖发明的词语，当初冯谖公布此一发明时，孟尝君曾不以为然。现在，孟尝君使用冯谖所创用的字眼儿，就是诚恳的表示，他现在接纳了冯谖的观点，承认冯谖的发明有价值。孟尝君承认“市义”这回事，自称“乃今日见之”，这也是诚恳的表示，他是后知后觉，他的领悟比冯谖要晚，他对冯谖的感谢、佩服不着一字，完全流露。

除了“市义”，冯谖还有高明的手段。他跑到梁国去，劝梁王聘用孟尝君。他对梁王举出很多动听的理由，必要时可能还跟梁国的谋臣有所辩论。这在当时叫作“游说”。游说盛行，游士才普遍受人尊敬，说话技巧才特别发达。冯谖在梁国游说成功，却又劝孟尝君坚决谢绝梁国的邀请。原来冯谖的用意，只是借梁国提高孟尝君的声望，显示孟尝君对齐国的忠贞。在那个竞揽人才、互争雄长的战国时代，冯谖这一手果然奏效，齐王立刻写信给孟尝君，请他重掌治权。

这封信当然更难写。我们记得，清朝末年，朝廷一度不喜欢袁世凯，下令他回原籍治疗脚气（袁世凯并没有脚气病）。后来，清廷需要袁世凯出来指挥北洋军队，又下诏起用他。袁世凯很幽默地上了一个辞呈，说他的脚气病还没有治好（其实他仍然没有脚气病）。公文往返，一时传为笑谈。

齐王和孟尝君之间，却没有制造出任何笑话来。一封道歉的信，使君臣相处如故。那封信的大意是这样的："我的运气真坏，祖宗也不保佑我，以致我误听了小人的话，把你得罪了！像我这样的国王，恐怕不值得你来辅佐了。可是，齐国是我们祖先所创建的，为了维护祖先留下来的事业，你还是回来领导百姓吧！"

作品示例二：妈妈和猫　　归厚

写的是猫，表现的是母爱。

我想我应该说猫"们"，因为我们家里一直保持了最少两只猫，最多的时候曾经有过十四只，都是小小的、肥肥的，满地板乱爬。

我们一家爱猫，爸爸与我例外。在爱猫的家人里，妈妈是最爱猫的。每次从姨妈家回来，妈妈很少夸奖我们的表姐妹，但是如果姨妈家添了一只新猫，她一定要好好地形容给我们听，说它是如何肥胖好玩、灵巧懂事，甚至它的懒都成为优点。妈妈是如此爱猫，以至于姨妈家新养了一只猫头鹰，也使妈妈谈论了好久。

有一件事却很遗憾：我们家里不太有一只像样的猫，几乎没有例外，都是被收留的流浪者，都很馋，都不大懂得捉老鼠，都是杂色——灰灰黑黑的——尤其以现在的猫最难看。虽然我们也有过一只好看的猫，那是妈妈除了我们之外最感到骄傲的一件事，妈妈甚至现在提起来犹赞不绝口。

据妈妈说，那是一只漂亮、高贵的动物。在我—— 一个并不很欣赏猫这种动物的人——看来，它是一个有鲜明的黑白花纹的、眼睛看来很深远的、尚有效率的捕鼠动物。它来的时候，身份是流浪的野猫，带着它的一儿一女。妈妈一看，就决定留下它们。它大约也懂得“择主而事”，所以很安心地取得了我们家“移民局”的通过。

妈妈的话也许很对，它真有一些“不食嗟来之食”的样子。此外，它也颇能教养它的子女，使它们能成为够水准的猫。对于这些往日的光荣，妈妈总是津津乐道的，譬如它怎样一跃数尺凌空捉住一只蝙蝠，怎样护卫子女力战附近第一大猫，等等。有时候连偷捕隔壁王妈妈的小来亨鸡，也因为在母爱的前提下，被妈妈宣布不予起诉。它行猎的范围很广，经常远在几条街外，所以它带回来的猎物也应有尽有。我总有点怀疑它对自己家里的老鼠爪下留情了些，也许它懂得“挟鼠自重”。不过，它做得很有分寸，那段时期，它和家里的老鼠以天花板为界，相当安静。

它最英勇的一次表现，是把一只闯进院子的狗轰走。我想，那畜生做梦——我不知道狗会不会做梦——也想不到这人家有这样凶的猫。它大叫一声从里面一冲而出，所有的毛都直竖起来，没有给那条狗考虑的余地，狠狠地抓了它一下，再继之以凶恶的大叫。它的声音是如此泼辣，也许连债主都可以吓跑。那条狗在大吃一惊之后立即撤退。妈妈闻声而出，回来的时候抱着两只小猫，正是它在院子里玩耍的子女。

它的子女渐渐长大，不久之后，家里有了两只会生小猫的母猫，那真不得了！记得有一个童话，说一个小女孩爱猫，结果弄得满房子都是猫。这是很可能发生的，试想十四只小猫都以一个狭小的房间为活动范围，你怎么能够走路不小心呢？那一段时间整天可听见咪呜咪呜的叫声，和像滚球一样在地板上奔跑的声音，有时候那些小东西竟然钻进裤脚管里来。

我们用了很多心力才分别给它们找到新主人，时间渐渐过去，家里的情形可以用猫的数目来看。十四只——

十二只——九只——五只——三只——七只——四只——三只……一批批的小猫，一批批地被送掉。我们送猫渐渐出了名，有时候还有不认识的人辗转来要。

它渐渐老了，它的儿子也渐渐像一只稳重的猫了。据说猫是不死在家里面的，我家的猫通通如此。终于有一天它没有回来，那时候它的长女已逝，长子已成为左近的猫坛盟主。它没有回来的前数日，已经显露了生命力的减退，甚至有时还表现了猫的童心，简直是匪夷所思。它竟然有兴趣去抓它儿子的尾巴玩儿，它儿子早就不耐烦了。

有的猫也有一份赤子之心的。在它没有回来的一个星期里，每天夜里我们都可以听到它的儿子找寻母亲的叫声。那是相当凄凉的，尤其是在有风有雨的夜里，从滴滴答答的檐露和风声中传来的猫叫，真是不忍卒听。

它并不是什么义猫，也许我们没有给它表现的机会。不过，妈妈并不在乎这些，她仍旧对它赞不绝口。它只是做了一只猫，尽了一只家猫的义务，维持了一个以天花板为界的安静局面，让女主人和女孩子们慰抚，忍受男孩子们的虐待。就猫而言，它只能做到这一点了。

我们都为它的死遗憾了很久，因为我们一时不能——以后也一直没有——找到一只好猫。在开始的日子里，我们假设它是失踪，妈妈并曾提起她祖母有一只猫，离家九年又归来的故事（那故事最后说，那只猫回来后便只吃素了）。

妈妈爱猫，所以以后我们一直都有猫。我自己虽然不喜欢这种动物——因为老鼠不能给我什么威胁，而猫屎又太难闻——但我有时候还是承认：有一只漂亮的猫是很好的。当十二月的太阳晒进走廊，妈妈静静地打着毛线，温暖的阳光里，一只漂亮的猫懒散而舒服地躺着，悠闲地甩着它的长尾，一下下打着地板，同时一两只小猫调皮地追着那长尾，捉住了便抱在地板上乱滚一气。我想，我见了也会静静地笑笑的。一种闲散的、舒适的情趣，像一首淡淡的小诗。对于这一点，我知道我永远不会比妈妈领略得更多。

我们后来搬了家。猫是不肯跟随主人搬家的，所以我们有一小段时间没猫。妈妈自己也说："不养啦，太麻烦啦。"不过，她终于忍耐不住，又开始在菜钱里抽一两块买点猫鱼。新收养的野猫没有一点可取之处，它生下最近两窝小猫的时候，妈妈还是为它安排了住处。它比以前那一只差得太远，它所偷吃的也许比老鼠还多。不过，妈妈看来好像并不在乎这些，她甚至也不在乎一只猫的美观与否。妈妈只是要一只猫。

是的，妈妈只是要家里保持有猫便好，并不是为了纪念什么，她只是喜欢一种有猫的气氛。并且，我们都渐渐地不肯做她的猫了，但是她仍然有许许多多的爱。当她的孩子都有他们自己的去处，她是需要她的猫的。她永远希望她的猫舒服地躺在她身边晒十二月的太阳，她打着她的毛线，照顾着它们，用微笑的眼睛和温软的心。

我的实践一：四月的听觉

四月　某日

晚，雷声隐隐不断，是我今年第一次听到的春雷，温和如作试探。

这声春雷来得太晚了吧，我几乎把它忘记了。按照农历的节气，通常“惊蛰闻雷”，现在离惊蛰一个多月了，连谷雨也抛在脑后了。

听到雷声，老妻流下眼泪。为什么？她说她记得此生第一次听见雷声是在贵州，大约六岁。她问大人：“老天为什么要打雷？”她的爸爸说：“因为小孩不乖。”

为了这个流泪？就为了这个。

也许是为了她是一个乖女儿，可是老天仍然年年打雷。

也许是为了她也为人母，而她的父母都老了。

有时候，你的亲人正是难以了解的人。

她泡了一壶茶坐下，我们喝茶，人在喝茶的时候不流泪（喝酒的时候流泪）。

然后，她慢慢地说另一件事。她来到台湾以后，她的一个同学有了男朋友，这一对小情侣不断偷偷地约会（那年代还需要避人耳目）。有一次，雷声打断了他们的情话，男孩指着空中说："我若有二心，天雷劈死！"

可是，他仍然负了她。以后她为人妻，为人母，听见打雷，就悄悄地流泪，唯恐誓言灵验，雷真的劈死了他。她还是爱他。

为了转变气氛，我们互相挑衅，我问老妻是否也有男孩为她发誓，她问我年轻的时候是否也曾为女孩发誓。没有答案，谁也不需要答案。

我暗想，如果能再年轻一次，我倒希望在雷声之下有男孩为她起誓，我也曾经为女孩起誓。十九岁以下的誓言难兑现，可是美丽。

我的实践二：网中

晒网的日子，一张又一张渔网在木架上挂好，这个渔村连那个渔村。海水把粗实的网浸黑，腌重，厚沉沉垂下，挺直。这是青山的发网，大海的坐标，渔家的长城。这是透明的长城，有方格的长城，有带盐的海风，不见烽火。

他们的家在长城里，太阳和风来自长城外。落日把晚霞烧红，强风把挂着的网鼓起，好像网裹住了晚霞落日，裹住了一团炽烈，好像那火球满网挣扎，企图将网绳烧断。风将那一团炽烈吹旺，苍茫大海浇不息那燃烧，烧得那一方格一方格更透明，网索更黑，不是鱼死，就是网破。正是这样，网去捆网中人的生之欲，去捆岩浆，去捆无定形的浪花。

那网再被掷回海里，敲破水面，敲破有白纹的蓝黑色大理石。当一方格一方格的青天压下来，新肥的鱼惊跃，水花鳞光，一时成鼎沸的银炉。渔人的女儿是最精美的海产，她是丰满的、裸露的，紧紧裹在海上的劲风里，裹在高密度的水分子里，裹在渔郎们交缠的目光里。交缠的目光织成另一种网，她是另一种鱼。这是网的世界，成排的树影纵横如网，鱼塘里的竿交叉成网，涟漪荡漾，礁石斑驳，都带网的形状。鱼无所不在，网亦无所不在。乱发遮面时，网罩在她的头上；万念交集时，网粘在她的心上。网啊网，鱼无所不在，网亦无所不在。网啊网，她属于你，你属于一方格一方格的透明，每一方格属于碧海青天，海天属于不可知。

这天，晒网的日子，沙地上，隔网走来几个打着花绸阳伞、把高跟鞋和尼龙袜提在手里的女人，和几个戴黑眼镜、戴鸭舌凉帽的男人。他们很喜欢这长城般的网阵，举起照相机，不断照那一系列，照网眼后面龙钟的老太太，照网后的大海——那青蒙蒙的海，那使人看到太广太远的地表面、看到地表面的摇动骚乱而觉得恐惧的大海。男女老幼从渔村里跑出来看他们做什么，他们把看热闹的人一并照进去，并且特别要求一群五岁到七岁大的孩童们站在网的阴影里。不打鱼的人也这样喜欢渔网吗？他们何不买一张大网带回家呢……

窃窃私语未已，没想到那个从远方来的女人动手脱下本来就穿得很少的衣服，而且毫不迟疑地脱光，面对观众如面对空气。除去一切遮蔽之后，她显得细腻光滑。在镜头前，她背向海与天，双手攀网，做出因为不能越网而过而痛苦焦急的表情，好像后面有噬人的海怪。这动作重复了十几次，直到她表演成生命意志受阻的象征。稍稍休息，他们又把一丝不挂的人体放进一个兜形的吊网里，视她为刚从海中捕到的鱼。她在网中俯着，蜷曲着，又像死掉一样挺着，臂和腿把网撑出不规则的角来。最后，她在网中像突围的鱼奋身跃起，让相机捕捉她在网底腾跃的刹那，成为人类处于困境和对命运抗争的象征。经过反复表演，她太累了，累得由同伴把她从网中抬出来，裹在浴巾里，放在阳伞下的沙滩上，喂她喝带来的可口可乐。

这件事不能不轰动，渔人们为她放弃了所有的正经事。即使她已和同伴们返程，在网外消失，仍有迟到的观众闻风而至，看那空网，看他们丢在沙滩上的烟蒂，看他们离去的那条路。这事在渔村里在渔船上被谈论了好几个月。渔女们变得很沉默，鱼一样沉默，晒网的日子，坐在网前出神，或者站在那儿抓着网索向外看。夜晚，在礁石后面，她们给情人日益冷淡的嘴唇。她们被启蒙了，她们醒悟到自己在网中，她们发觉了网外的世界。网啊网，你是我的长城，也是我的监狱。网啊网，你裹住了满网的火球，一方格一方格的透明太少。看哪，网外的世界何等广大，何等充实，那飞机如鹰隼翱翔的世界，那火车渺渺如蚕的世界。

于是渔女们相继而去。精美的海产外流，当第三批探险者离乡远走时，先走的第一批已久无家信。都市是另一种恢恢之网，她们是另一种鱼。鱼未死，网亦不破。所有的鱼定要投入一种网，寻求一种透明的长城。牢狱的窗棂也是一些透明的方格。鱼不为同类结网，只有人，才会做这繁杂的手工。不设防的鱼，赤裸的鱼，在网内翻滚，或攀黑沉沉的网索，从方格中露出雪白的肌肤。渔网一重，人网千重，越过一层，前面还有，穿透一层，前面还有。直到鱼死，网终不破。

于是所有的渔郎都失恋了。网仍在他们手里，但网不住柔情一般的水，水一般的柔情。网举起，网眼千只，清泪千行万行。每个网眼都填满波光云影，得鱼易，得人难。我爱你，我爱你，游鱼出听，行人无踪。我爱你，我爱你，旭辉把礁石染成珊瑚。晚风停，夕照落尽，方格外一片黑而空虚。我爱你，我爱你，网内网外如隔世。

这就是那个发生在网中的故事。渔村父老都会告诉你，一个模特儿如何破坏了渔村的圆满自足；如何使渔女带回私生子，使渔郎带回花柳病；都市如何把吸管插进来，将渔村吸瘦，尽管鱼仍肥，网仍沉沉，网索仍粗，而且被海水浸得更黑，威严如古塞。夜空将星星镶在网沿上方，但这一座透明的长城已挡不住什么。

附录一

术语

每一行都有专用的名词，由本行的大师注入特殊的定义，称为“术语”。这是他们共同的语言，交谈时可以省去多少唇舌。认识某一行业，从了解他们的术语入手，把符码破解，把箱子打开，基本上能看见全面。

文学家常用术语表示他们的观念，我们讨论写作，常常要使用这些术语。了解这些术语是什么意思，讨论起来就很方便。

文学

文学是“用语言文字表现思想感情”。中国有文言的传统，前贤谈文学，只注意文字。现在受西方理论的影响，加上了语言。西方学者认为，文学是语言的艺术，思想是内在语言，写出来的是书面语言，说出来的是口头语言。我们今天虽然在欧风美雨之下用白话写作，还是不能只称语言、删去文字，只能两者并举，有时简称“语文”。

这里强调表现思想感情。你买了电视机，箱子里有一份说明书，也是用文字写成，不能算是文学作品，因为里头只有装配技术。

思想

指人的想法、理念、判断。人是“会思想的芦苇”。乐观，悲观。唯心，唯物。激进，保守。有些教育家主张苦读，要能承受压力；有些教育家主张快乐，拒绝压力。这些都是思想。人需要了解别人，也需要争取别人的了解、认同，因此要能够使用语文。

情感

指喜怒哀乐爱恶欲。人是“有情的众生”。现在我写这篇文章的时候，盛行旅行文学和饮食文学，作者表现了山水之乐和口腹之乐。我居住的地方很容易读到移民文学，它分享了作者动心忍性、披荆斩棘的艰难。

一般来说，文学多半写苦闷，所以说是“苦闷的象征”。用文学艺术宣泄苦闷，利己利人，所以说是理想的出口。强调一句：苦闷是原料，成品必须是艺术，吞进去的是沙，取出来的是明珠。所以，作家受人尊重。

媒介

我们内心的思想感情，外人如何得知？你如果写出“少壮不努力，老大徒伤悲”，或者写出“感时花溅泪，恨别鸟惊心”，我们就能知道。这是借着语言文字形之于外，让别人能够了解、感受。在我们和读者之间，语言文字好像是媒人、介绍人，因此称为“媒介”。

研究大众传播的人认为文学写作是一种传播行为，他们用收发电报做比喻，全部流程是：

> 发报人—意码—符码—传送—符码—意码—收报人

作者好比是发报人，他先把内心的意念（意码）做成符码（语言文字），经过发表（传送），对方收到符码（阅读、收看、收听），还原成意码，了解了你的意念是什么。

绘画以色彩线条为媒介，舞蹈以肢体动作为媒介，音乐以声音（音符）为媒介，电影呢，他们说以镜头为媒介。

成语有“心心相印”“心电感应”，诗人说“心有灵犀一点通”，表示没有媒介也能传达。陶渊明有无弦琴，武则天有无字碑，美学家克罗齐说直觉就是表现，这些说法都表示媒介不重要。

媒介不重要，甚至不需要，我要讲的他已经知道了。他是不是真正知道了呢？他心中所领会的，是否和你要传达的相同呢？读白纸黑字尚且有误解！还有，他一个人知道了，座中的其他人呢？他们也需要知道啊。即使座中的人都知道了，还有千千万万不在座的人呢，还有后代子孙呢！

内容

文学作品表现思想感情要通过具体事物，避免笼统概括。从前刽子手杀人，刀是特制的，他的老师传给他，他再传给徒弟；他行刑的姿势经过专门训练，人头砍下来的时候，鲜血不会喷到他身上。文学作品要的是这个，所以有人说文学创作是雕虫小技。这方面包括下列名词：

题材

盖房子要有建材，下厨房要有食材，中医处方要有药材，作家写文章也要有材料。材料零碎分散，作家安排它们聚拢在某个主题之下，爱情？战争？宗教？政治？所以称为“题材”。举例来说，武松打虎、黛玉葬花都是可用之材，但打虎不能用于黛玉，葬花不能用于武松。

主题

隐藏在作品里的思想，题材组合起来产生的意义。一只蝉也许没什么意义，螳螂捕蝉就有了意义，黄雀在后更有意义。意义本来是自然产生的，但是作者也可能预定意义，故意在螳螂后面增加一个黄雀。

今天的批评家对主题这个名词很不喜欢，我们都理解其中原因。其实主题就是今天作文课上所说的“立意”。即使唯美，唯美也是主题；即使为我自己而艺术，为我自己也是主题。主题是一项基本要素，至于它是否正大高尚，当然可以批评。

形式

内容是作品的内涵，形式是作品的外形，也就是你把内容做成什么样子给人家看。用食物做比喻，内容是面粉，形式是馒头、烧饼。这方面的名词有：

体裁

和“题材”近音，当心混淆不清。作家为内容寻求恰当的形式，就像裁缝师量体裁衣。现有文学体裁分诗歌、散文、小说、戏剧。四大体裁自成壁垒又互相渗透：诗有散文诗，剧有诗剧，小说有散文小说，散文也有小说化的散文。这四大体裁同气连枝，我们都要能够欣赏。

结构

先贤称为“布局”。这盘棋你是怎么下的，这个花园你是怎么布置的，同理，这作品的素材你是怎么安排的。先说什么，后说什么，隐藏什么，夸张什么，都影响表达的效果。

结构很重要，有了它，散乱零碎的素材就成为有机体。每一部分都息息相关，作品才有生命。结构使平面的叙述变成立体的，人生是立体的，文学表现人生，也要立体化。立体才有纵深，有空间，欣赏文学作品才是读者灵魂的冒险。结构使作品有样式，艺术品都需要样式。

修辞

小处着手，小到选字用词造句。一句话有各种说法，作家孜孜以求的是怎样说才可以恰如其分地把内容表现出来，而且希望找到最新、最巧的说法。拿打仗做比喻，善于修辞是你的兵体格健壮，射击准确；结构是你的兵力布置，重机枪在哪里，炮兵在哪里，主力在哪里；题材是你有多少弹药，多少粮食，能担当多大规模的战役。文学作品是一个有机体，修辞有时牵一发而动全身。

风格

指作品的特色，地域特色、民族特色、时代特色，还有作者的人格、个性表现的特色。我们开始学作文的时候，只有基本形体，面貌模糊，有一天能露出一丁点儿个人的风格来，那就恭喜了。

风格很抽象，但是仍然可以确认。以请客吃饭做比喻，风格是江浙菜；题材是海鲜席；修辞是刀工、火候；结构是先上什么菜，后上什么菜；主题是你请客的用意，纯粹为了一夕之欢也是用意，高明的主人不会把他的用意说出来，客人能够体会。

意象

“意”和“象”本是两样材料，“意象”把这二者合一了。“意”藏在“象”里面，读者看到表面的“象”，领会其中的“意”。例如风来了，青草都顺着风的方向摆低姿势，文言的说法是风行草偃，这是现象。这个现象里面藏着含义，善于治理国家的人能使老百姓自然服从，如此，风行草偃就成为一个意象。

既然文学作品要经营“小”，具体细节，又要表现“大”，主题思想，就必须使用意象。出现了一个说法：文学是以语言文字表现意象的艺术品。作家要能创造新的意象，有人给风行草偃做出新的解释：为人不做墙头草，东风来了往西倒，西风来了往东倒；还有风来了弯弯腰，风过去了依然故我，不可靠。“象”没有改，“意”换了。

意象还有一个特点，“象”比“意”诱人，也就是谜面比谜底漂亮。“夕阳无限好，只是近黄昏”，据说是指晚唐的国运；“瓶花力尽无风堕”，据说是指南宋的文化。包装确实好看。如此这般，作家可以把许多枯燥的材料处理得赏心悦目、趣味横生，文学作品才可以在“予人以知识，予人以教训”的同时，予人以娱乐。

美文

美文不是美国文学，它是以创造美感为目的作品。什么是美感？有一门学问叫“美学”，他们说的我大半似懂非懂，我只说我的“似懂”，不抄引那些“非懂”。它是圆满自足的世界，出神忘我的身心。“悠然见南山”，它就是那个悠然；“欣然忘食”，它就是那个欣然；爱丽丝看见墙头一只猫对她笑，猫走了，笑还在，它就是那个笑；“留得残荷听雨声”，它就是那个声；“卖花人去有余香”，它就是那个香。

美文并不是字面很漂亮。《水浒传》里的李逵绰号黑旋风，满口粗话，动不动拿起板斧拼命，有人却说他“妩媚”，也就是引起美感。如果李逵妩媚，鲁智深出家不守清规，那一连串恶行也当得起这两个字。清代散曲作家邱圆特地为他写戏，把他的妩媚表现出来。只听得鲁智深被师父逐出山门的时候唱道：“漫揾英雄泪，相离处士家。谢慈悲，剃度在莲台下。没缘法，转眼分离乍。赤条条，来去无牵挂。那里讨烟蓑雨笠卷单行？一任俺芒鞋破钵随缘化！”有时候，我觉得阿Q也有妩媚之处，倘若只是暴露民族的劣根性，怎会有这么多人喜欢他、想念他？《阿Q正传》怎么能成为经典？很多人说，鲁迅先生不该匆匆忙忙把他枪毙了！可惜没个邱圆为他写一首《寄生草》。

悲剧、喜剧

把人的情感归纳成悲喜两类，中国观众会觉得奇怪。

这是西洋人的创见，中国新文学的种子得欧风美雨而发育成长，接受了这一套理论。

悲剧的定义不一，我最早听到的说法，悲剧是好人因为他的优点而失败。我们看新闻报道，看到有一位太太爱护动物，收养了好几只流浪犬，有一天她被狗咬了一口，竟然得了传染病，死了。于是我们说：这是一个悲剧。

喜剧呢，我们有意无意把它放在悲剧的对立面了。好人失败是悲剧，坏人失败是喜剧；好人成功是喜剧，坏人成功是悲剧。悲剧演示人的优点，喜剧演示人的缺点；悲剧之悲是对好人的同情，喜剧之喜是对坏人的批判。新闻报道说，一个小偷恋爱了，他偷了许多东西送给女朋友，可是女朋友变了心，他又把过去送的礼物一样一样偷回来。我们一看，笑了，这一笑就是批判了那个小偷。

悲剧、喜剧，这两个名词，用途广泛，定义模糊，渐渐超出它们的本义，被我们引申成形容词了！耳濡目染之际，略略了解来龙去脉就好。

境界

国境，边界。国家和国家接壤的地方有一条无形的线，走出这条线叫“出国”，这条线就叫“国界线”。文学先将这个名词引进来，指作品的格局大小。格局小，往往因为作家的立足点太低，影响他的心胸识见。所以，作品的境界除了大小，还有高低。

“春游芳草地，夏赏绿荷池。秋饮黄花酒，冬赋白雪诗。”这首诗采用并列式组合，表现一年四季的生活情趣。论境界，他在芳草地上没想到世上还有沙漠和寒带，他赏绿荷池没想过另一些地区刚刚闹过水灾旱灾，他饮黄花酒没考虑到酒有百害，他赋白雪诗忘了给冬令救济捐钱，这是境界小。换个角度，四时行焉，百物生焉，他心中对天地造化之妙也没有一丝一毫欢喜赞叹之情，这是境界低。

但是比下有余：有人既不游芳草地，也不赋白雪诗，教授一天到晚离不开麻将桌，打麻将打得天昏地暗、日月无光，学问都荒废了！还有比上不足：将军一有空闲就下围棋，从棋局中悟出一套兵法，后来国家有事，他接连打了几个胜仗。等而下之，还有下下：放羊的孩子，拾荒的孩子，三五成群，春天偷吃果子，夏天偷吃西瓜，秋天在野地里烤红薯，冬天找个破庙掷骰子，谁输了谁到农家偷只鸡来大家吃，他们也有四季之乐。这里不谈是非对错，只看境界高低。

流派

天下事都有流派。文学的流派是怎么来的呢？有学问的人说，文化的发展有一个常轨，少数人创造，多数人模仿。中国评剧有梅派、程派，梅兰芳、程砚秋创造在先，各有一大群模仿者在后。举此一例，可见其余。

文学，中国有中国的流派，西洋有西洋的流派，各由自己的历史形成。新文学运动以后，先贤用西洋的文学理论导引中国文学的发展，使用西洋那些流派的名称做中国文学的标杆。常见的名词有古典主义、现实主义、浪漫主义、印象主义、自然主义、超现实主义、现代主义、存在主义、后现代主义、魔幻现实主义。其中最重要的应该是现实主义，独占中国文坛几十年，产生了很多重要的作家。

为什么会不断出现新的流派呢？说来奇怪，古典主义发展到最高的时候，产生了最多最好的作品，有人就提出了不一样的主张，又产生了不一样的作品，于是出现了浪漫主义。等到浪漫主义产生了最多最好的作品时，又会有相反的主张出现。安享得来不易的成就，不是很好吗？偏偏自找麻烦。因为如此，社会日新不已，因为如此，社会也常常动荡不安。

受众

接受作品的人，不是一个两个，而是许多。本来文学作品供人阅读，对方是读者，可是戏剧演出的时候，台下是观众，小说播送的时候，收音机旁是听众。后来又有专门为盲人准备的点字书——用手指头摸着接受，难道是触众？于是借来“受众”一词，概括读者、观众、听众、触众。

如果读者是“受”，作者就是“施”，“施比受更为有福”，是否施者比受者优越？有人以为如此，我看不然。倘若只有舞台，没有观众，倘若只有出版，没人阅读，那施者就不成其为施者了，施者的福实在由受者所赐，我们要学会尊重受众。受，接受、承受、领受，别弄成忍受。我们有时听不愿听的演讲，看不愿看的表演，还真是坐在那里忍受呢！受者受罪，施者也无福。

附录二

我学习的三个阶段

（一）文从字顺

清朝有一个读书人，名叫陈沆，嘉庆年间中了状元。有一次，皇帝问他一共认识多少字，他回答："臣识字不多，用字不错。"这个答案漂亮，对皇上谦卑，对自己肯定，两面都顾到了。

我们白话文作家，比起当年埋首在文言古籍里的读书人，大概识字不多。就汉字的总量而论，1994年出版的《中华字海》收录了八万五千字，北京的国安资讯设备公司汉字字库收录了九万一千字，我们能认得多少？

虽然识字不多，既然以写文章为专长，应该用字不错。必须说明，这有两个尺度：在文字学家眼里，我们用字常常错，总是错，所以早期的国学大师说，写白话文的人都是文盲——这个尺度是学术的尺度，今天且休管它。还有一个尺度，这个字大家都这么用，虽然和《尔雅》《说文》不合，当代的汉语词典也收进去了，这叫“约定俗成”。我们都约好了：说一匹马、一头驴，不说一头马、一匹驴；说黄埔军校、人民大学，不说黄埔军学、人民大校。所谓用字不错，就是没有违反约定俗成，这样写出来的文章算是“文从字顺”。

文从字顺是写作的基本条件，有些文字工作者居然没做到，而且其中有名家名作。中文《圣经》有多种译本，我从小诵读的版本叫官话和合本，又叫国语和合本，由圣经公会印行，这是销路最广、使用者最多的版本。这个译本是新教在中国发展的大本，但是教内教外都有人不满意。教内的人从神学观点出发，姑置不论，教外的人总认为语法上的瑕疵太多，没有“经”的风格。

例如《使徒行传》第二章第二十四节：“神却将死的痛苦解释了，叫他复活。”在这里，“解释”一词恐怕是用错了。新译本的译文是："上帝却把死的痛苦解除，使他复活了。"比较一下，"解除"合乎约定俗成。现代中文译本译得更好："上帝使他从死里复活，把死亡的痛苦解除了。"单字"死"改成复合词"死亡"，又把那个生硬多余的"却"字拿掉，很顺当。

例如《启示录》第十三章第十二节："死伤医好了的头一只兽"。这句话的主词应是那一只兽，它受过伤，医好了。现代本的译文是"那曾受过致命重伤又好了的头一只兽"，新译本的译文删改了几个字，"那受过致命伤而医好了的头一只兽"，比较简洁。受过伤，"过"字已经表现了时态，"曾"可以省去；致命伤即重伤，"重"字可以省去。"又"字表示由受伤到医好之间的转折，留下来比较好。

例如现代本《约翰福音》第一章，施洗约翰看见耶稣来了，马上对现场的听众说："看哪！上帝的羔羊，除掉世人的罪的，这一位，就是我说过'他在我以后来，却比我伟大，因为我出生以前他已经存在了！'那一位。"

除非营造特殊效果，我们说话作文都不会使用这样冗长的句子。依照我们大多数人的习惯，应该是："看哪，上帝的羔羊、替世人赎罪的羔羊来了！我以前说过，他来得比我晚，但是比我伟大，因为在我出生以前他已经存在了，我说的就是这一位。”

那样臃肿的句法，一个长句里面包含几个短句，应是直译造成的。翻译对白话文学有许多正面的影响，也有负面的作用，那样的表达方式看也看不明白，听也听不清楚。白话文学号称“我手写我口”，但我们的日常语言没有这种造句。白话文学又期许“国语的文学，文学的国语”，将来中国人说话也不需要这种句子。这是翻译对白话文学的连累，除非有特殊需要，我们要提高警惕，预防感染。

说到感染，我们接触电视和网络的机会更多，电视作业的时间仓促，网络没有“守门人”过滤，文字的瑕疵更常见。“太阳眼镜不是有色就好”，什么意思？没有颜色才好？看后文，才知道太阳眼镜的颜色有讲究，户外活动者适合茶色、灰色、墨绿色的镜片，夜间骑单车者适合黄色镜片，计算机族适合粉红色、橘色、蓝光镜片，“不是有色就好”。这么说，一个人需要好几副太阳眼镜，想好好地保护眼睛还真麻烦，想文从字顺也不能马虎。

你或许会说，太阳眼镜当然有颜色，读者又不是没见过太阳眼镜，大家语境相同，怎么会有误解？那么，请看另一条新闻的标题，记者报道某歌星的近况，说是“专辑不卖”。不卖？非卖品吗？唱片公司既然录制了专辑为什么又不卖？专辑明明摆在商店的柜台上橱窗里，怎么会不卖？原来是卖不掉，并非不肯卖。戏院的生意差，可以说不卖座，这个“不卖”是卖不掉；舞女不卖身，这个“不卖”是不肯卖。上下文决定“不卖”的意义，彼此不能通用，也不能转移。专辑不卖，只能表示卖不掉，这是约定俗成，尽管理所当然，还是要文字健全。

说到文字健全，奉送新闻界的一个小掌故。某地为了救灾，发起“万人健行募款”，召唤大伙上街游行，沿途请路旁的商家住户捐款，仿佛出家人沿门托钵。为了拉抬声势，主办单位特意邀请一些名人参加，所以张三来了，李四带着太太也来了。第二天，报纸特别在新闻标题里面写出他们的名字，说是“张三李四伉俪参加”。在健行募款的队伍里，张三和李四伉俪本是三个人，看新闻标题，张三和李四却是夫妇二人。这两人都是男子，怎么成了夫妇？难道他们搞同性恋？难道同性恋在这里合法了？当然，就事实而论，张三李四都是小区名流，读者大众怎会误解他们是夫妇？美国人会误以为奥巴马和克林顿是夫妇？不过，就写作而论，这是病句。

病句，名家笔下未能尽免，作者的大名不可说，仅仅借鉴他们的文句已经是冒犯了。例如：

“身材瘦削素昧平生的中年妇女安慰着对我说……”“安慰着对我说”，用安慰的语气对我说？想安慰我，对我说？对我说：“……”她这样安慰我？都可以，何必写成那个样子？

“由于从小爱好文学的原因……”由于从小爱好文学？因为从小爱好文学？“由于”和“原因”有一个就够了。有人写成“由于从小爱好文学的缘故”，倒是约定俗成了，但是并不值得模仿。

“在恼人凄清的天气，不能享得这般浓福，则你们一瞥时的天真的怜念，从宇宙之灵中，已遥遥地付与我以极大无量的快乐与慰安！”这位大作家出门在外，孤身一人，想到那些小朋友都在家中享受天伦之乐，于是说，如果你们在欢笑之余能偶然想到我，即使这个心念一眨眼工夫就消失了，心电感应，你们也能把快乐传递给我，让我分享。他不说“这么大的福气”，他说“浓福”；不说“忽然”“刹那”，他说“一瞥时”；白话文不再使用的那个“则”字，还舍不得换成“那么”或“那时”。

“我们自动的读书，即嗜好的读书，请教别人是大抵无用，只好先行泛览，然后抉择而入于自己所爱的较专的一门或几门。”作者主张凭兴趣读书，也就是以读书为个人的嗜好。凭嗜好读书写成“嗜好的读书”，有欠商量。“入于自己所爱的较专的一门或几门”，平易一点，就是“你喜欢哪一门再入哪一门”，何必个人色彩那样强烈呢！

英文里头有句话：“老狗不学新技。”胡适处处提倡白话，他在引用这句话的时候把它说成：“老狗学不会新把戏。”有学问的人说，英文里头还有一句话：“狗永远不会老得到了不能学新把戏的地步。”这话更有意思，可是这句中文很差劲，这样的句子欠“顺”，我们不必“从”。想想看，换个说法怎么样？老狗仍然可以学新把戏？狗无论多么老，都还有学习的能力？

（二）意新语工

“写文章无非两个问题：一个是写什么，一个是怎么写。”这是我们通俗的说法。如果把学者的语言搬过来，一个叫“内在的构意”，一个叫“外在的构词”。构，就是营造，修辞造句固然要选择锻炼，起心动念也得导引升华。这一步，前贤称为“意新语工”，内在的构意求新，外在的构词求工。“工”是内行，是到位，是达到技术上的高度要求。你看跟“工”字合成的那些词，工巧、工整、工稳、工致、工丽、工绝，也就思过半矣。

这一步功夫，是在你我做到了“文从字顺”之后更进一步的突破。文从字顺是这句话别人怎么说，我也怎么说，这是一个必经的阶段。但是做作家不能停留在这个阶段，前面还要行远登高，要做到与别人不同，构意不苟同，构词也不雷同。当然，并非完全立异，要在重要的地方标新。我们是同行，我们做一样的事情，但是有些东西我有你没有，当然，也有一些东西你有我没有，大家各有特色，才都有一个席位。

多少人回忆小时候用毛笔写字的经验，将其写成散文，现在来看看宣树铮先生怎样构意和构词。他幼时写毛笔字从描红开始，描红的“红”是学习的范本，楷书大字用红色印刷在纸上；描红的“描”是学童用毛笔蘸墨压在红色的笔画上，黑色的部分要正好把红色的部分盖满，不露红，也不超出。学童练字多半不能一气呵成，分心的事情耽误了时间，毛笔的笔尖就干燥了，那时流行的习惯是把笔尖含在嘴里让它软化。书香之家的孩子放学归来，嘴唇多半有墨痕，就像油漆匠收工的时候裤管有油漆，厨房丫头上菜的时候衣襟上有几滴酱油。宣树铮说，他描红的时候“往往连自己嘴唇上的两片红也给描了”，这句话漂亮。

描红的阶段过去以后是临帖。“帖”是名家书法的复印品，写字的人一笔一画模仿它。这时写字只用一张白纸，帖上的字好像在这张白纸上显影了，老师要求你照着字帖一遍一遍地写，直到你写出来的字跟它一模一样。这是深化了的描红、精神上的描红，没有描红那样轻松，手心出汗，前胸后背也出汗。那时宣树铮临柳公权的《玄秘塔》。柳公权的笔画如一张拉满了的弓，比画起来加倍辛苦。他说他天天早起“爬”玄秘塔，这个“爬”字用得漂亮。联想一下：如果临摹《颜氏家庙碑》，也许恨不得一头碰死在碑上；如果临摹《九成宫》，简直等于做了不见天日的宫女。

宣树铮的文章继续说，三年以后他换了老师，也换了习字的模板，开始临摹陆润庠的《晚游六桥待月记》。改换字帖的原因可能是，陆润庠是苏州状元，宣树铮是苏州人，同乡相亲；陆氏的楷书工整之中有柔美，接近宣树铮的气质。《晚游六桥待月记》是一篇短文，原作出于晚明三袁的袁宏道之手，陆氏略加改变，为后学留下一部楷书的习字帖。晚游的地点是西湖，文章潇洒得很，这样临帖的压力就小了。宣树铮天天上书法课，他和帖中的每一个字如此亲密，每一个字都对他发酵，对他孵化。他流连于文字幻境之中，按宣氏自己的说法，他“以笔作舟，游了三四年西湖，直到小学毕业”。小孩子学写毛笔字本来有些“不堪回首”，宣树铮的构意童趣盎然，构词也别出心裁，以至于平凡的经验变得新鲜特殊。

一个人若是想做书法家，他不能永远临帖。临帖的人可以把帖上的每一个字写得很好，但是他不能（或者不敢）写碑帖上没有的字。当年《北京晨报》的文学副刊请一位擅长隶书的名家题字，隶书中没有“刊”字，他就把“副刊”写成“副镌”。“刊”“镌”读音不同，都是砍削的意思，也都有雕琢的意思，后来也都有刻字的意思，在木板上刻字或者在石头上刻字。其实隶书是某种特殊线条组合成的某种特定形体，临帖是为了掌握二者的奥妙，等到得心应手，你可以用那种线条和形体的美学原理写一切汉字。这位书家的态度恐怕是太保守了吧？也好，他这么一“尊古”，给我们的新文学史添了一则掌故。

若把书法比文学，只写碑帖上有的字，就是文从字顺，也写碑帖上没有的字，就是意新语工，两者在学习过程中有分歧。有一个学生托他的哥哥买萝卜糕，买回来的是萝卜干，这学生在作文里面记述经过，自称是“一念之差”，老师批评他用错了成语，这就是追求文从字顺和追求意新语工有了冲突。萝卜糕错成萝卜干，“糕”和“干”双声，诉诸听觉容易混淆。所谓“一念之差”，是口中出声的一念，不是心中无声的一念，一字双关，以前的确没人这样用过。现在作者要扩大这个成语的含义，老师却认为违背了这个成语的原义。通常语文教师和文学刊物的编辑都捍卫语文成规，作者总是尝试突破，现在网络没有人把关，就成了实验新语言的大杂院。

原则上，追求意新语工应该受到鼓励。以前没人“爬”玄秘塔，我们赞成宣树铮去爬；以前没人“绿”江南岸，我们赞成王安石去绿；以前也没见过像企业家李嘉诚这样说鸡蛋：“从外面打破是食物，从里面打破是生命。”我举手赞成，低头观摩。

意新语工有时不可兼得，作家退而求其一。春天，江岸生出青草，并没有什么稀奇，“春风又绿江南岸”，语工而意未必新。企业家李嘉诚说：“鸡蛋，从外面打破是食物，从里面打破是生命。”每个家庭主妇都知道，只是没人像他这么说过。“老，不是一个阶梯一个阶梯退化，有时候，经常是一层楼一层楼崩坍。”这话是简媜说的，是啊，我们见过多少老人，摔了一跤，或者进了一次急诊室，前后就不是一个人了。“恶人像秋天的红叶，不是生成的，是变成的。”这话是谁说的？是啊，我们念过多少遍

“人之初，性本善。性相近，习相远”啊！意新语工，得其后者。

清嘉庆道光年间张素含写的《蜀程纪略》，记述张素含过河南荥阳，想起当年楚汉相争，刘邦在此几乎被俘。幸而刘邦左右有个纪信，相貌和刘邦相似，冒充刘邦开城出降，转移了项羽的注意力，刘邦才得以脱围而出。项羽大怒，活活烧死了纪信，而刘邦对这件事似乎并未放在心上。于是诗人下笔有了一个崭新的角度，却用传统的七绝来表达，意新语工，得其前者：

> 走刘误项拼身焚，围解荥阳第一勋。
> 功狗功人都记忆，如何忘却纪将军？

四川省诗书画院有《岷峨诗稿》杂志。四川多山，诗人咏山，孔凡章有“山共松涛涌”，白话文是“山是凝固的波浪，浪是沸腾的山峰”。马识途形容群山“踞似猛虎卧似龙”，历史掌故有李广射虎，成语有龙盘虎踞。张素含的《蜀程纪略·乱后过剑州》，“历乱白杨新战骨，模糊焦土旧兵坛”，以白杨喻战骨，使人有身历其境、毛骨悚然之感。旧兵坛风雨剥蚀，因而“模糊”，诗人想到的是战火造成的焦土，战火惨烈，可见一斑。剑州在四川北部，官军平白莲教之乱，在此杀戮甚众。以上这些诗句的意境前人都有，诗人用自己的修辞造句。

新诗人对“语工”有重大贡献，提供了很多教材。简政珍写《咳嗽》，杜甫说“凉风起天末”，他说“当天气讲风凉话的时候”；莎士比亚说他的呼吸和她的呼吸接吻了，简政珍说“母亲接收幼儿哈欠里温暖的细菌”。接下去：咳嗽的母亲／必须北上看她的母亲是否也咳嗽／一群雀鸟度量了人间荤食的版图后／在电线杆上群集／准备迎接南下候鸟的／咳嗽——连“意新”也有了。

美国副总统号称“汽车的第五个轮胎”，除非他后来继任大位，否则难免默默无闻。有一位副总统却因为意新语工留下佳话逸事，流传不衰。他说，在婚礼中，他希望是新娘；在葬礼中，他希望是尸体。他的意思是做事件的重心、众人注意的焦点。做新娘，我们想得到；做尸体，那就匪夷所思。他去参观一所幼儿园，对一群四岁的娃娃讲话，他问：“有四岁小孩想当副总统的没有？”举起一片可爱的小手。他又问：“有副总统想当四岁小孩的没有？”全场愕然，只见他自己慢慢地举起手来。

（三）言近旨远

也有人写成“言近指远”。言，说出来的话、写出来的文字。近，眼前景、身边事，现实生活。旨，你这些话、这篇东西的含义。远，除了语言文字本身的意义，还有脱离了、超出了语言文字，自行延长、升高的意义。人人都有这样的阅读经验：我们被一篇文章吸引，文章结束了，作者并没有把话说完，我们放下书，可是并未退出那篇文章，我们参与进去，发挥一番。读者喜欢这样的文章。

请看林文月《翡冷翠在下雨》的结尾：

> 这时，有钟声传来。发自远方近方、大大小小各寺院钟楼的钟声齐响。每一个行人都习惯地看一看自己的手表。
>
> “请对时吧。这是五点半的钟声。”导游者附带加了一句说明。
>
> 我也看了看手表。一点三十分，这是台北的时间。有一滴雨落在表面上。

翡冷翠是意大利的文化古城，常译为佛罗伦萨，诗人徐志摩给它换了一个很美的中文名字。林文月女士这篇游记以钟声报时、游客对表结束，本来平淡寻常，可是她的手表仍是台北时间，虽然“大大小小各寺院钟楼的钟声齐响”，好像外面的压力很大，她也只是“看了看手表”，并未拨动时针。这个写法与众不同，耐人寻味。

为什么自己的手表还是台北时间？行程匆忙，忘了调整吗？为什么远近高低、四面钟声提醒，仍然没有行动呢？有人可能联想到乡土意识、乡土中心，在扰攘的外境中定静。这天翡冷翠微雨，她看表的时候“有一滴雨落在表面上”，神来之笔，戛然而止。只有一滴雨，表面虽小，还可以承受这一颗水珠，玻璃表面上更显出晶莹，动人心弦。忧世伤时的读者可能联想到一滴清泪，周梦蝶的粉丝也许顺口诵出“直到高寒最处犹不肯结冰的一滴水”……这些都是读者的事，其中可能与作者的意思暗合，也可能全不相干。

林清玄《水牛的红眼睛》很精短，适合举例：

> 有一次，我和一位农人与他的水牛一齐下田。我看到那头水牛的巨眼是红色的，像烧炙过的铜铃。我问起那位农人，他说：“所有耕田的水牛都是红眼的，因为它们被穿了鼻环。”
>
> 据说，很久以前，当水牛没穿鼻环、没有下田的

时候，它们的眼睛是黑白分明的。在耕田以后，它们没有流泪，却红了眼睛。

读这篇文章，我立刻想起水牛的鼻环，那是两个鼻孔之间最敏感的部位，狠心的人从那里打个洞，牛从此戴着僵硬的刑具，任人驱使，对一个十岁的幼童也要服服帖帖。看到它永远发炎的眼睛，设想它在心理上、生理上受到的永远的伤害。

海明威告诉我们：文字越简练越好，文字背后隐藏的故事越复杂越好。我没有仔细观察过水牛。我见过全汉东画的牛，一群牛从黑暗里向我冲过来，牛眼瘦长，大约呈三十度锐角向上翘起。每一双眼睛都红，都有火，我还以为是田单的火牛阵呢。我想那是仇恨之火，画家在替它们鸣不平。

人是万物之灵，也是万物之敌。人愚弄奴役一切动物，例如狗，狗夜晚睡眠的时候用尾巴掩住鼻孔，人把狗的尾巴剪短，用它看家护院，它终生不能安眠……画家自己什么也没说，任凭我们各自解读，所以人们喜欢画家。寓言本来也有这样的效果，可是《伊索寓言》每一篇都把结局固定了，龟兔赛跑一定是怎样怎样，乌鸦搬家一定是怎样怎样。有人不看它对龟兔赛跑预立的标准答案，自己设想各种可能。

也有一些文章，作家把要说的话都说了，他没有直截了当地说出来，而是用了一些间接的手法，例如比喻。有些话只有表面的意思，两个人见了面，打个招呼，说一句：今天天气很好——天气就是天气，没有别的。苏格拉底挨了太太一顿骂，太太端起一盆水来倒在他头上，他向朋友解释：天气不好，先打雷后下雨——他说的天气，就是比喻了。

《三国演义》记述赤壁之战，周瑜决定用火攻对付曹操的战船。当时两军对峙，火攻要有东风助势，可是冬天怎会有东风？于是周瑜请了病假，不去办公，拖延时间。那时诸葛亮在东吴做客，前往探病，两人也谈到天气。诸葛问：都督何以忽然病了？周瑜说：人有旦夕祸福嘛。诸葛亮接一句：岂不闻“天有不测风云”？“天有不测风云，人有旦夕祸福”，本是古代的俗语，两句相连，周瑜、诸葛一人说了一句。周瑜是实话实说，诸葛是话中有话，暗示风云变幻难测，冬天未必没有东风。周瑜一听，自己的心事，也就是东吴的军事机密，被人家说穿，马上脸色就变了。

《三国演义》另有一段记载，东吴的张温奉派到西蜀做友好访问，遇见秦宓，两人有一番问答。

张：天有头吗？（天下有最高领袖吗？）

秦：有头。（有最高领袖。）

张：头在何方？（领袖在哪里？）

秦：头在西方。（领袖在西蜀。）《诗经》说："乃眷西顾。"（天的眼睛看着西蜀。）以此推之，头在西方。

张：天有耳朵吗？

秦：有耳。《诗经》说："鹤鸣于九皋，声闻于天。"（鹤在水泽里叫，天能听见。）没有耳朵，怎么听得见？

张：天有脚吗？

秦：有脚。《诗经》说："天步艰难。"（上天行走很困难。）没有脚，怎么行走？

张：天有姓吗？

秦：有姓。

张：姓什么？

秦：姓刘。

张：怎么知道姓刘？

秦：我们蜀国的国君是天子，天子姓刘，所以我知道。

张：太阳生于东方吗？（寓意新朝代已在东方兴起，

那就是我们东吴。）

秦：虽生于东，而没于西。（你们如果侵略西蜀，一定灭亡。）

这一问一答，表面文质彬彬，内里针锋相对，谜面是茶余酒后闲扯，谜底是外交气势、国家颜面。

“二战”期间，英国首相丘吉尔文韬武略，倾倒一时。每有大事临头，新闻记者就追着他问长问短。他常常说：“留着一半让敌人去猜。”我们写文章，要明白晓畅，也要有余不尽，让读者有参与的空间，套用丘吉尔的话，“留着一半让读者去想”。明白晓畅是已经写出来的部分，有余不尽是没有写出来的部分，两者并不冲突。

有时候，作家会利用语言文字的歧义。一个字或者一句话，可以是这个意思，也可以是那个意思。在丁西林的剧本里，有位老太太想把她的房子分出一间来出租，房客限单身一人。某男士看见出租广告，来了；某女士看见出租广告，也来了。这两个要租房子的人并不认识。房东老太太打开大门看见他们俩，声明不租给结了婚的人。来租房子的某女士连忙声明：“我们并没有结婚。”房东老太太大惊：“没结婚？那我更不租给你们了！”你看，老太太说的话和某女士说的话都有歧义，我说出来的是这个意思，你听进去的是那个意思。

歧义本来是沟通的大忌，语文训练要努力预防，可是，有时候，使用语言文字的人又故意操纵歧义，产生更好的效果。历史上楚汉相争的时候，汉军的统帅韩信可以左右政局的发展，谋士蒯通来替韩信看相，他说：“将军之面，位不过封侯，将军之背，贵不可言。”面，韩信的脸，另一个意思是做臣子，听命令；背，人体的另一个生理部位，也可以解释为违反、脱离。蒯通是来劝韩信自己做开国的君王的。鉴于当时的语境和两人的身份，蒯通不能用大白话直接说出来，他用“面”和“背”的歧义曲折表达，等于使用密码。文学训练有一个项目，就是从预防歧义到制造歧义，使歧义成为表现手法。歧义可以使读者的思路活跃起来，想得更多。

据说，“二战”期间，希特勒决定进攻法国，法国自忖必败，决定投降，事先派人去见英国的丘吉尔，说明苦衷。丘吉尔听完来使的陈述之后，用法文说了一个词，这个词可以表示“理解”，我知道你为什么这样做，也可以表示“谅解”，我同情你必须这样做，两者有很大的差别。法国人一听，他们盟国的老大哥可以“谅解”，就放心投降了。有人说，丘吉尔故意模棱两可，让法国去选择“谅解”，他自己保持“理解”。

文从字顺只是把话说清楚，也说完了；意新语工是你说得比人家好；言近旨远是你有余不尽，读者咀嚼回味，能把你说出来的延长。文从字顺、意新语工是从文章的细部下功夫，言近旨远就指文章的整体经营了。

《新约》记载，耶稣说：如果你的左手让你犯罪，你就剁下来丢掉，一只手进天国，胜过两只手下地狱；如果你的右眼让你犯罪，你就挖出来丢掉，一只眼进天国，胜过两只眼下地狱。美籍黎巴嫩作家纪伯伦得到灵感，写了一篇文章，他说他到天国里一看，全是瞎眼瘸腿断手断脚的人。

这篇文章让读者失笑，没想到这段经文可以如此解读。我们笑过以后会接着想，人非圣贤，孰能无过，只要过而能改……人本来可能无善无恶，起心动念于是有善有恶，人要用道德修养存善去恶，人在善恶中挣扎是一场惨烈的战争。我们会有很多感想。

一篇散文，以文从字顺为基础，篇终有言近旨远的效果，中间时时闪耀意新语工的光芒，这就是一篇及格的散文了吧？

我写过一段短文，《几尺纸》：

纸可以包火，用坚硬的纸，包星星之火，例如，包住烛光。

这个信条一代一代传下来，即使是大火，只要有更大的纸张，仍然可以四面包抄。在想象中，那是一番兴奋炽烈的光景，以至于一代一代有人去做，抱着孩子过年的心情。

我在卧房里点一支烛，展开一张纸。纸张燃烧，我再用一张更大的纸。我有很多很多纸，一张比一张大，也一张比一张烧得旺。等所有的纸用完，火舌开始吞噬房子。

等到整个房子烧完，我就没有什么材料可用了，包住这熊熊大火的，只有天和地。灰烬飞扬中，我思量毛病出在哪里，错就错在我的准备不够，只要我的纸再多几张，再大几尺，何致功亏一篑？

终我余生，我只思念几尺纸，可惜我短缺那几尺纸。

这段短文是什么意思呢？

我还写过一个小故事，《侏儒症》：

一个小孩在十岁左右就显露出锋利的口才和飞短

流长的习惯。十岁以后，他的攻讦能力与日俱进，身材却始终不再增高长大，群医束手，都查不出是什么原因。从十五岁到五十岁，由童稚到垂老，这人虽有一条可畏的舌头，却有一个可笑的身体。从十五岁到五十岁，这三十五年他在漫长的连续的令人绝望的医疗中度过。所有的名医都尽了力，可是于事无补。这个长不大的大人，这侏儒，因为不能适应正常的社会生活，内心十分苦闷。他唯一的快乐，就是月旦人物，做无情的讽刺。

近年间医学也不断进步，终于，在这侏儒五十岁生日这天，发生了一件值得纪念的大事。医生对他说："我们现在能够知道你为什么不能魁梧高大。这是由于你经常讥议别人的短处。你每一次道人之短，都足以使你自己缩小一分。你的生长完全被这种难以觉察的损害抵消。"

病人如同听见福音一样，虔诚而热烈地说："我再也不谈论别人的是非了！我一定痛改前非。我将来能长多高？"

医生沉默片刻，小心翼翼地说："现在，你的发育生长的顶点业已过去，时间对于你稍微嫌晚了一点……不过别悲观，我的忠告对你仍然有益，你可以努力保持现状，不再萎缩下去。”

这个故事又是什么意思呢？

那就说来话长，很长……很长……